나를 돌아보는 서재

나를 돌아보는 서재

초 판 1쇄 2023년 12월 26일

지은이 안세현
펴낸이 류종렬

펴낸곳 미다스북스
본부장 임종익
편집장 이다경
책임진행 김가영, 박유진, 윤가희, 이예나, 안채원, 김요섭, 임인영

등록 2001년 3월 21일 제2001-000040호
주소 서울시 마포구 양화로 133 서교타워 711호
전화 02) 322-7802~3
팩스 02) 6007-1845
블로그 http://blog.naver.com/midasbooks
전자주소 midasbooks@hanmail.net
페이스북 https://www.facebook.com/midasbooks425
인스타그램 https://www.instagram/midasbooks

ISBN 979-11-6910-431-9 03190

값 **20,000원**

※ 이 저서는 2020년 대한민국 교육부와 한국연구재단의 지원을 받아 수행된 연구임(NRF-2020S1A6A4045107).

미다스북스는 다음세대에게 필요한 지혜와 교양을 생각합니다.

조선 문인들의 공간에서 인생의 길을 찾다

나를 돌아보는 서재

안세현 저

미다스북스

경복궁에 가면 근정전(勤政殿)이나 경회루(慶會樓) 등처럼 건물마다 이름이 걸려 있는 걸 볼 수 있다. 궁궐뿐만 아니라 강릉의 경포대(鏡浦臺)나 진주의 촉석루(矗石樓) 등과 같은 누대나 정자에도 이름이 걸려 있다.

조선시대 문인들은 자신이 생활하는 집이나 서재에도 이름을 붙였다. 정약용의 여유당(與猶堂), 홍대용의 담헌(湛軒), 김종직의 점필재(佔畢齋) 등처럼 말이다. 이처럼 당 · 헌 · 재 등의 서재에 붙인 이름을 '재호(齋號)'라고 한다.

그렇다면 문인들은 왜 재호를 지은 것일까. 조선시대 문인들은 이름 외에 호칭이 여러 가지 있었다. 스무 살 관례를 치른 뒤에 성인이 되었다는 의미로 자(字)를 붙여 주었다. 이름과 자 외에 또 호(號)가 있었다.

이름과 자는 남들이 지어준 것인데 반해 호는 자신이 직접 짓는 경우가 많았다. 이를 '자호(自號)'라고 하는데 자호에는 남들과 다른 나만의 정체성과 인생관을 담았다. 자호는 거주하는 집이나 서재의 이름, 사는 곳의 지명, 산이나 강의 이름, 좋아하는 물건의 이름 등에서 가져와 붙였다.

거주하는 집이나 서재의 이름이 바로 재호이다. 재호가 성행하기 시작한 것은 중국 송나라의 성리학자들부터이다. 우리나라는 성리학이 수용된 고려 말부터 재호를 많이 짓기 시작하여 조선시대 내내 이어졌다. 조선 후기에는 한 사람이 재호를 여러 개 짓는 게 유행하기도 하였다.

조선시대 문인들은 자신의 재호를 직접 짓고 그와 관련된 기문(記文)을 작성하기도 하였다. 문인들의 문집을 조사해 보면 이러한 작품이 300여 편에 달한다. 이 책에서는 30편가량을 뽑아서 해설과 함께 소개하였다.

대부분 조선 후기의 작품들인데 문인들의 다양한 삶과 정체성에 대한 고민을 엿볼 수 있다. 특히 20~30대 젊은 시절의 작품, 소외를 스스로 극복한 문인들의 작품에 주목하였다. 이 책은 모두 6부로 구성되어 있다.

제1부 '나다움이란 무엇인가'는 자신의 지나온 삶을 반성하며 앞으로의 인생을 다짐하는 작품이다. 제2부 '세상을 향한 첫 외침'은 20~30대 젊은이들이 세상을 향해 자신의 정체성을 드러내 보이며 인생의 진로를 모색하는 글이다. 제3부 '치유와 채움의 공간'은 정치적 좌절과 경제적 궁핍 등을 겪으며 스스로를 위로하고 삶을 새롭게 정초하는 작품이다.

제4부 '나답게 살면 그만이지'에서는 세속의 명예와 이익을 멀리하고 나만의 생활을 즐기는 문인들을 볼 수 있다. 제5부 '서재, 나만의 소우주'에서는 독서에 몰두하며 세상을 탐독하는 즐거움을 보여준다. 마지막

제6부 '조선의 마니아, 그들의 방'에서는 그림 · 서예 · 차 · 골동품 등 조선시대 문인들의 고상한 취미를 엿볼 수 있다.

조선시대 문인들에게 서재는 생활공간이자 오롯이 자신과 마주하는 공간이었다. 나만의 재호를 지어서 남들이 잘 보이게 내걸고 기문을 지어 그 의미를 설명하였다. 이는 생활하는 공간과 내가 하나가 되는 행위였다.

또한 사회와의 관계 속에서 자신의 정체성을 정립하는 사회화 과정이기도 하였다. 재호를 짓고 기문을 쓰면서 누구보다도 자신을 소중하게 돌보고 자기 존재를 긍정하였다. 사회 내에 자신의 존재를 자리매김한 사람은 사회적 규범을 잘 안다. 사람들과의 관계에서 자신이 어떻게 처신해야 하는지도 잘 안다. 이런 사람은 저절로 공동체로 화합해 들어가며 누구보다도 윤리적이고 훌륭한 사회인이 된다.

오늘날 정체성의 혼란을 겪고 있는 이들이 이 책을 읽으며 자신의 인생을 되돌아보고 자기 나름의 인생 진로를 찾는 데에 조금이나마 도움이 되길 바란다.

요즘은 책 말고도 정보를 얻고 삶의 지침을 참고할 수 있는 매체가 많아졌다. 인터넷 포털이나 유튜브 심지어 인공지능에게도 물어보는 시대가 되었다. 그러나 양질의 지식을 탐구하고 인생을 깊이 있게 고민하는 데에 책은 여전히 유효하다.

그럼에도 세대를 가릴 것 없이 예전만큼 책을 읽지 않는 거 같다. 특히 인문학 책은 더욱 그렇다. 막상 탈고하고 나니 내 책을 누가 읽어주랴 걱정이 앞선다. 어렵고 힘든 이 시대를 살아가는 독자 한 사람이라도 공감해 주기를 바라는 심정에서 세상에 내놓는다.

어려운 여건 속에서도 출간을 맡아주신 미다스북스의 류종렬 사장님과 많은 조언을 해주신 이다경 편집장님께 감사의 인사를 올린다. 이 책의 첫 독자인 아내 김정은 그리고 나와 인생을 함께 하는 준성·준명·준경 세 아이들에게 고맙다고 말하고 싶다.

2023년 12월 세밑에
춘천 천상재(川上齋)에서 저자 씀

차례

차례

덧붙이는 말

견뎌라, 포기는 없다

이병성의 내암(耐菴)

이병성

___

일이 뜻대로 되지 않을 때 '내(耐)' 한 글자의 힘을 통감하게 된다. 끝까지 견디면 근심과 괴로움 따위가 내 의지와 공부를 방해하지 못하여 마침내 성취할 수 있다.

나를 키운 건 팔 할이 바람이다

서정주 시인이 20대 초반에 지은 「자화상」이란 시가 있다. 「자화상」은 제목을 통해 알 수 있듯이, 시인이 태어나서 20대 초반까지의 삶을 되돌아본 자전적 작품이다.

「자화상」은 "애비는 종이었다."로 시작해서 "스물세 해 동안 나를 키운 건 팔 할이 바람이다."를 거쳐, "병든 수캐마냥 헐떡거리며 나는 왔다."로 끝난다. 시인은 자신의 미천한 출생과 가난하고 고단한 성장기를 당당하게 고백했다. 이 시는 비록 병들었지만 결코 굴하거나 죽지 않는 '수캐'처럼 모든 시련을 이겨내며 열심히 살겠다는 의지를 보여준 작품이다.

시련이나 굴곡 없는 인생은 없다. 더욱이 성장기의 시련은 고통스럽기만 하다. 시련은 사라질 기미를 보이지 않고 평생 고통 속에서 살아야 할지도 모른다 생각하니 막막할 뿐이다. 내가 도대체 무슨 잘못을 했기에 나에게 이런 시련이 닥치는 것일까. 하늘을 원망해 본다. 남 탓도 해보고 사회 탓도 해 본다. 그렇다고 달라지는 것은 아무것도 없다. 남이, 사회가 그리고 하늘이 나의 시련을 알 리 없다. 안다고 해도 나서서 해결해 줄 리 없다.

결국 고통을 견디고 시련을 극복하는 것은 오롯이 자신의 몫으로 남는다. 서정주 시인이 그러했듯이 시련을 인정하고 당당히 맞설 때 새로운 길이 열린다. 그것은 자신을 정면으로 직시하고 자기 삶을 되돌아보는 것에서부터 시작된다.

이병성과 내암(耐菴)

이병성(李秉成, 1675-1735)은 조선 후기 촉망받는 문인이었다. 그는

20대에 당대 대학자 김창협의 문하에서 공부하였다. 또 최고의 시인 김창흡으로부터 시적 재능을 인정받았다. 20대 후반에 진사시에도 합격하여 성균관에 들어가 공부하였다. 이처럼 이병성은 20대에 학문에 뜻을 두고 글을 업으로 삼아 전심전력하고 있었다.

　그런데 성균관에서 열심히 공부하면서도 문과 시험에는 합격하지 못하고 있었다. 문과에 합격해야 조정에 들어가 본격적으로 벼슬할 수 있다. 그렇게 몇 년을 성과 없이 보내고 있었는데 31세 때 어머니가 돌아가셨다는 소식이 왔다. 삼년상을 치르기 위해 경기도 가평으로 내려가 어머니의 묘소를 지켰다.

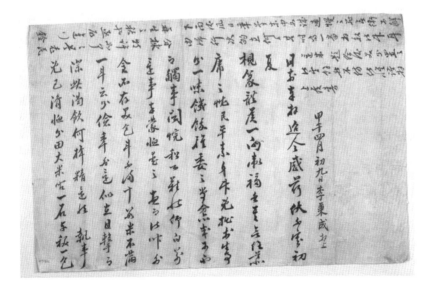

이병성이 쓴 편지(국립전주박물관 소장)

지금은 철도가 놓이고 고속도로가 깔려서 서울에서 가평까지 1시간도 안 걸린다. 그러나 조선시대에는 가평을 기점으로 경기도 동쪽 지방과 강원도를 '동협(東峽)'이라 불렀다. '동쪽의 협곡', 가평은 그야말로 두메 산골의 시작인 것이다. 조선시대에 서울에서 가평까지 가려면 육로로는 거의 불가능하였다. 배를 타고 한강을 거쳐 북한강을 거슬러 올라가야만 했다.

이병성은 가평의 깊은 산골에서 슬픔 속에 홀로 지내고 있었다. 지인이나 함께 공부하던 이들이 찾아올 수 없는 고립된 상황이었다. 이병성은 또 오랫동안 앓던 병으로 심신이 약해질 대로 약해져 있었다. 나름 독서에 집중하기에 좋은 환경이었지만 글이 제대로 눈에 들어오지 않았다. 개인적 좌절과 가족의 불행으로 근심과 괴로움이 한꺼번에 닥쳐왔기 때문이다.

이병성은 가정사와 세상사로 인해 공부에 전념할 수 없었다. 그러나 이러한 문제는 이병성 혼자만 겪는 것이 아니다. 시련과 고통 없는 인생은 없다. 시련과 고통이 닥쳤을 때 어떻게 대처하느냐가 중요하다.

이때 이병성은 자신의 집에 '내암(耐菴)'이라는 현판을 내걸고 「내암기」를 지어 그간의 삶을 되돌아보았다. '내(耐)'는 글자 그대로 '견디다, 인내하다'의 뜻이다. 시련 속에서 낙담만 하고 있는 것이 아니라, 자신의 삶을 직시하며 새로운 출발을 모색해 보기로 한 것이다.

그래서 이병성은 고난을 견디고 성취를 이겨낸 사람들을 떠올려 보았다. 중국 송나라 때 채원정은 서산이란 곳에서 냉이만 캐 먹으면서도 독서에 몰두하여 큰 학자가 되었다. 또 송나라의 훌륭한 재상 범중엄은 백석암에서 부추죽을 쑤어 먹으면서도 열심히 공부해서 나중에 큰 공을 세웠다.

채원정·범중엄과 비교해 보면 이병성의 상황은 훨씬 더 나았다. 이병성은 안팎의 시련에 좌절하여 인생을 무기력하게 보낼 수 없었다. 그래서 "곤궁한 일을 당해보지 않으면 스스로 힘쓰지 못한다."라고 한 옛사람의 말씀을 되새기며 다시금 삶의 의지를 다졌다.

맹자는 말했다.

하늘이 장차 어떤 사람에게 큰일을 맡기려고 할 때, 반드시 먼저 그 사람의 마음을 괴롭게 하고 살과 뼈를 고달프게 하며, 신체와 피부를 주리게 하고 생계를 궁핍하게 하며, 그가 하는 일마다 잘못되고 뒤틀리게 한다. 이는 그의 마음을 분발시키고 정신을 강인하게 함으로써 그의 부족한 능력을 키워주려는 것이다.

– 『맹자』「고자 하」

큰일은 고통과 시련 없이 이루어지지 않는다. 맹자는 사람이 큰 고통과 어려움을 겪어야 비로소 큰일을 할 수 있다고 하였다. 죽을 것 같은 시련과 고통은 사람을 더 단단하게 만들고 예전에 없었던 능력까지 발휘하게 한다. 시련과 고통에 포기하지 말고 끝까지 버텨야 하는 것이다.

내암기

耐菴記

이병성

선비 중에는 참으로 학문에 뜻을 두고 문장을 업으로 삼는 자가 있는데 처음에는 누군들 전심전력하지 않겠는가. 그러나 세상사에 얽매이고 근심으로 마음이 흔들리다 보면, 부딪히는 것마다 평안하지 못하여 결국 처음에 먹었던 의지는 점점 느슨해지고 학업은 점점 거칠어지고 만다.

아! 사람은 태어나면서부터 세상사와 엮인다. 이로 인해 갖가지 슬픔과 분노, 근심과 괴로움 따위가 이리저리 생겨난다. 이는 사람이 살아가면서 당연히 발생하는 문제이며 피할 수 없다.

그러나 근심되는 일을 당하고 곤궁한 지경에 처했을 때, 반드시 마음을 굳게 먹고는 참고 견디며 부지런히 노력해야 한다. 그리하여 어떤 문제를 맞닥뜨릴 때마다 마음이 흔들리지 않고 시름에 빠져 좌절하지 말아야 한다.

나는 일상생활에서 벌어지는 일들이 뜻대로 되지 않을 때마다 '내(耐)' 한 글자의 공을 통감한다. 굳건히 참고 견디면 근심과 괴로움, 곤궁과 슬픔 따위가 의지와 학업에 해를 끼치지 못하여 마침내 일을 성취할 수 있기 때문이다.

나는 금년 겨울에 가릉(嘉陵, 지금의 경기도 가평)의 산속으로 들어왔다. 가릉은 궁벽한 산골로 서울과는 거리가 멀기 때문에, 손님이나 함께 어울리던 친구들이 찾아오지 못한다. 나는 조용히 앉아 선영을 돌보며 글공부에 전력을 쏟았다. 심유지(沈攸之)는 공명을 좇느라 10년 동안 글공부를 하지 못한 걸 후회했다. 그런데 나는 심유지가 후회한 걸 되갚아 주기에 좋은 기회를 얻은 것이다.

다만 황량하고 적막한 곳에 살다 보니 친구도 없이 홀로 지내는 것이 한이었다. 또 오랫동안 앓던 병으로 병상에 누워 지내다 보니 실의에 빠져 마음이 더욱 괴로웠다. 이 때문에 오로지 나 자신을 통렬하게 반성하며 독서와 공부에 전념하지 못하였다. 지금 문을 닫고 두문불출한 지 3개월이 지났는데 아직도 책 한 권을 끝내지 못하고 있다. 이는 실로 몸가짐을 굳건히 단속하지 못하고 잘 견뎌내지 못하기 때문이다.

가만히 살펴보면 예부터 헌걸차고 뜻있는 선비 중에 일이 잘 안 되어 곤궁하게 산 사람이 얼마나 많았던가. 그러나 참고 견디며 열심히 글을 읽어서 끝내는 모두 성취를 하였다.

중국 송나라 유학자 채원정(蔡元定)은 회암(晦菴) 주희(朱熹)의 나이 든 벗이었다. 그는 서산(西山) 꼭대기에서 배고픔을 참고 견디며 냉이를 캐 먹으면서 열심히 글을 읽었다. 중국 송나라 재상 범중엄(范仲淹)은 젊었을 때 집이 가난하여 백석암(白石菴)에서 부추죽을 쑤어 먹으면서도 열심히 공부하였다. 이 두 분은 이처럼 곤궁한 생활을 견뎌내었고 만년에 이르러 많은 성취를 이룩하였다. 이 모든 것은 배고픔을 참고 견뎌냈기 때문에 가능했던 것이다.

　나는 지금 안타깝게도 궁벽한 산골에서 지내고 있다. 아버지를 아침저녁으로 모시는 여가에 한가롭게 앉아 밥만 축낼 수 없다. 서산과 백석암의 썰렁한 광경과 비교해 본다면 나의 처지가 훨씬 낫다. 그런데도 매우 답답해하며 축 늘어져 있으니 나에게는 인내하는 공부가 조금도 없는 것이다. "곤궁한 일을 당해보지 않으면 스스로 힘쓰지 못한다"고 말한 옛사람의 의지에 비추어본다면, 내 어찌 잘못된 것이 아니겠는가.

　어느 날 이렇게 깊이 생각해보니 얼굴이 붉게 달아오르고 내 자신이 부끄러웠다. 마침내 지내는 누추한 집에 '내암(耐菴)'이라는 현판을 걸고, 이름에 담긴 의미를 위와 같이 서술한다. 이 현판을 보며 나 스스로를 반성하고 경계할 수 있기를 기대해 본다.

- 『순암집』 권5

나의 변화를 이끄는 겸손

정각의 하하재(下下齋)

정각

아래는 위의 근본이고 위는 아래가 쌓여서 이루어진다. 공부가 비록 낮지만 상고시대의 태평성세에 뜻을 두고 더욱 노력한다. 지금의 '하하'에는 위로 향하는 이치가 있지 않겠는가.

겸손하면 손해?

"벼는 익을수록 고개를 숙인다."는 속담이 있다. 높은 곳에 오를수록 겸손해야 한다는 말이다. 흔히 겸손하면 남에게 양보하는 것으로 알고 있다. 그래서 자신은 낮추어 손해를 보고, 남은 높아지고 이득을 보는 것으로 이해한다.

그런데 겸손하면 정말로 남은 이득을 보고 나는 손해만 보는 것일까? 아주 오래된 유교 경전 중의 하나인 『서경』에는 "자만하면 손해를 자초하고 겸손하면 이익을 얻게 된다."라는 말이 있다. 오늘날 주식 시장에서 통용되는 금언(金言) 중 하나는 "돈을 잃지 않으려면 시장 앞에 항상 겸손해야 한다."는 것이다. 과거 유교 사회에서도 그렇고 오늘날 자본주의 사회에서도 그렇고, 왜 '겸손'이 이득이 된다고 한 것일까. 두 가지 측면에서 생각해 볼 수 있을 것 같다.

첫째, 겸손은 자기 혁신의 출발점이다. 겸손한 사람은 자신의 부족함을 알고 늘 배우려는 준비가 되어 있다. 자신의 부족함을 인정하기 때문에 스스로 꾸준히 노력하고 남에게 배우려고 한다. 그래서 남을 대할 때 부족한 자신을 낮추며 하나라도 배울 점이 있는 남을 높인다. 겸손한 사람은 늘 부족하다고 생각하기 때문에 자기 혁신을 멈추지 않는다. 그래서 최고의 경지까지 도달할 수 있는 것이다.

둘째, 겸손은 사회적 성공을 가져다준다. 사람은 높은 자리에 오르면 거만해지고 거만해지면 판단력이 흐려진다. 다른 이들의 충고도 잘 듣지 않는다. 인간관계가 나빠질 뿐만 아니라 무모한 판단과 행동으로 결국 손해를 보게 된다. 높은 자리에 오를수록 늘 낮은 자리에 임하여 다른 이들의 의견에 귀를 기울여야 한다.

겸손은 예나 지금이나 인생의 성공을 가져다주는 중요한 삶의 덕목이자 전략인 것이다.

정각과 하하재(下下齋)

정각(鄭㻒, 1799-1879)은 경상도 성주 출신의 문인이다. 청·장년기에 벼슬에 나가지 못하고 시골에서 글공부하며 제자들을 가르쳤다. 정각은 80세까지 장수하였다. 조선시대에는 70세 이상의 노인에게 특별히 관직을 내려 주던 제도가 있었다. 덕이 높기 때문에 하늘에서 오래 살게 해 주었다는 오랜 관념이 있었기 때문이다. 정각 역시 70세부터 참봉·도정 등의 관직을 받았으며 동지돈녕부사에까지 이르렀다. 그러나 이들은 일종의 명예직으로 실제로 업무를 본 것은 아니었다.

정각은 시골에 살면서 자신의 서재에 '하하재(下下齋)'라는 이름을 붙였다. '하하'는 '아래 중의 아래'라는 뜻이다. 정각은 재호 '하하'에 세 가지 의미를 담았다.

첫째, 자신의 실제 위치가 '하하'라는 것이다. 낮은 관직, 낮은 수준의 학문, 낮은 식견, 낮은 언변 등이다. 등급으로 치면 정각은 모든 면에서 '하하'이다. 조선시대에 관리들의 인사고과 점수를 매길 때, 최상등급인 '상상'부터 최하등급인 '하하'까지 아홉 등급으로 하였다. 또 한나라의 반고는 『한서』 「고금인표」에서 역대 인물 2천여 명을 '상상'부터 '하하'까지 등급을 매기기도 하였다. 공자는 '상상', 진시황은 '중하', 진나라의 환관 조고는 '하하' 등으로 평가하였다.

둘째, 낮은 곳에서부터 높은 곳으로 끊임없이 정진한다는 의미이다. '등고자비(登高自卑)'란 성어가 있다. 높은 데에 오르려면 낮은 곳으로부터 차근차근 단계를 밟아야 한다는 뜻이다. '하학상달(下學上達)'이란 말도 있다. 아래, 곧 기초부터 열심히 공부해서 위의 높은 수준에까지 도달한다는 뜻이다.

셋째, 낮고도 낮은 데에 임하는 겸손의 태도이다. 낮은 데에 있으면 올라갈 일만 남았다. 반대로 가장 높은 곳에 오르면 아래로 떨어지기 마련이다. 『주역』에는 '항룡유회(亢龍有悔)'라는 말이 있다. 높은 지위에 있는 자가 조심하고 겸손하지 않으면 반드시 실패하게 된다는 뜻이다.

정각, 『진암집』(삼성현역사문화관 소장)

정각은 '하하재(下下齋)'와 함께 '진암(進菴)'이라는 재호도 사용하였다. '진암'은 '학문에의 정진'이란 뜻을 담고 있다. 정각은 늘 부족하다는 겸손의 태도를 가지고 끊임없이 학문에 정진하고자 한 것이다.

다음은 성재(性齋) 허전(許傳, 1797-1886)이 기록한 정각의 모습이다.

처사가 사는 초막으로 가보니 집안이 온통 쓸쓸하였다. 갈옷을 입고 갓을 쓴 이가 나와 나를 맞이하였다. 처음 만났는데도 훌륭한 군자임을 알 수 있었다.

방으로 들어가니 안석 하나와 책상 하나가 있었다. 오직 서책이 서가를 가득 채우고 있었는데 모두 성현들의 경전과 선대 유학자들의 성리서였다. 처사는 진정 학문하는 사람이었다.

그 집에 며칠 머물렀는데 주인은 말투가 겸손하고도 겸손하여 스스로를 낮추었다. 공자의 뛰어난 제자 안연(顏淵)은 학식이 있어도 없는 듯했고 학식이 찼어도 빈 듯하였다. 처사는 그야말로 안연의 겸허한 덕을 배운 자가 아니겠는가.

— 허전, 「하하재기」(『성재집』 권14)

"매너가 사람을 만든다."라는 어느 영화의 명대사를 떠올리게 한다. '하하재'라는 재호에 걸맞게 겸손한 군자다운 모습을 엿볼 수 있다.

하하재기

下下齋記

정각

'하하(下下)'는 지극히 낮고도 낮다는 의미이다. 사람은 누구나 천성적으로 낮음을 천하게 보고 높음을 귀하게 여기며, 위를 좋아하고 아래를 싫어한다. 사람은 천지인(天地人) 삼재(三才)의 하나로서 하늘과 땅 가운데에 위치해 있다. 그러하니 그 누가 위로 또 위로 올라가서 성현이 되고 싶지 않겠는가. 반면에 아래로 또 아래로 내려가서 어리석은 이가 되고 싶겠는가.

그런데 나는 벼슬길에 나갔으나 아주 높은 데에 이르지 못하고 낮은 관직에 그쳤다. 공부를 하였으나 지(智) · 인(仁) · 용(勇)의 달덕(達德)을 성취하지 못하고 아래의 무지몽매한 상태에 머물렀다. 책을 읽었으나 널리 통달하지 못하여 식견이 아주 낮다. 말은 의미를 제대로 전달하지 못하여 언변이 형편없다. 이런데도 남의 위로 올라가고자 한다. 그런데 사람들 중에 나보다 아래인 자가 있겠는가.

이것이 내가 '낮고도 낮은 것'을 편안하게 여겨서 서재에 '하하'라는 이름을 내건 이유이다. 나는 낮고도 낮아서 사람들이 비천하게 여기는 존재이다.

그러나 아래는 위의 근본이고 위는 아래가 쌓여서 이루어진다. 나는 몸이 비록 아래에 있으나 위 사람에게 죄를 짓지 않는다. 공부가 비록 무지한 하등이지만 상고시대의 태평성세에 뜻을 두고 더욱 힘쓴다. 식견이 엉성하고 낮지만 날마다 책상 위에 책을 두고 읽는다. 언변이 형편없지만 날마다 맞닥뜨리는 일에서 이치를 탐구한다. 게으름 피우지 않고 끊임없이 노력하며 계속 정진한다. 그러하니 지금의 '하하'에 혹여 위로 향하는 이치가 있지 않겠는가.

한번 보게나. 저 높은 산도 낮은 데서 위로 솟은 것이요, 저 드넓은 바다도 아래에 처할 수 있어서 깊어진 것이다. 하나씩 하나씩 모아서 거대해지는 데에 도달하지 않고, 한 번에 등급을 성급하게 건너뛰려 한다고 해보자.

비록 육상산(陸象山, 육구연(陸九淵))과 같은 뛰어난 재주와 굳건한 기개로 천고의 위를 뛰어넘는다 해도, 끝내 반도 못 올라가서 아래로 추락하고 말 것이다. 하물며 나처럼 하등의 사람이 보잘것없는 자질을 지니고 있으면서, 낮고 낮은 데에 뜻을 두지 않고 감히 높은 데에 두어서야 되겠는가. 또 감히 존귀한 상등의 사람이 되기를 바라서야 되겠는가.

건괘(乾卦)의 「문언전」에 "초구(初九)의 효사에서 '잠겨 있는 용은 쓰지 마라[潛龍勿用]'고 한 것은 양(陽)이 아래에 있기 때문이다. 상구(上九)의 효사에서 '높이 올라간 용은 후회가 있다[亢龍有悔]'고 말한 것은 위로 끝까지 올라갔기 때문이다."라 하였다.

높이 올라가 후회하는 데에 이른다면, 비록 아래에 잠겨 있는 용이 되고 싶어도 될 수 없다. 반드시 아래에서 위로 나아가고 위에서 아래에 겸손하여 평범한 본분을 잃지 않아야 한다. 스스로 높아지는 것을 좋아하지만 도리어 아래로 떨어지는 자들과 이것을 비교해 본다면 역시 차이가 있을 것이다.

「금인명(金人銘)」에 이르기를 "군자는 천하의 윗사람 되기가 쉽지 않다는 것을 알기 때문에 스스로를 낮춘다."라 하였다. 「황극내편(皇極內篇)」에 이르기를 "만물은 위로 끝까지 올라가면 반드시 아래로 되돌아간다. 따라서 군자는 낮고 낮은 것이 좋다."라 하였다.

군자는 내가 감히 바라볼 대상은 아니다. 다만 '하하'의 의미를 취하여 내 서재 이름으로 삼는다.

-『진암집』권5

저 높은 산도 낮은 데서 위로 솟은 것이요,

저 드넓은 바다도 아래에 처할 수 있어서 깊어진 것이다.

진짜 나를 찾는 방법

임화세의 시암(是庵)

임화세

———

무시옹은 진시옹이 스스로 옳다고 여기는 것을 책망하면서도 남들로부터 옳음을 인정받지 못하는 것을 가엾게 생각하였다. 결국 무시옹은 마음속으로 진시옹과 통하는 게 있는 듯하였다.

나에게 말 걸기

세익스피어의 4대 비극 중에 「햄릿」이란 작품이 있다. 「햄릿」을 읽어보거나 공연을 보지 못한 사람이라도 "죽느냐 사느냐 그것이 문제로다."라는 대사는 들어보았을 것이다. 이 말은 햄릿이 죽느냐 사느냐의 내적 갈등 속에서 내뱉은 독백이다. 더 이상 명예나 사랑 따위를 고민하는 것에 시달리지 않으려면 차라리 죽는 게 나을까? 그런데 죽는다고 해서 모든 게 해결되고 편안해질 수 있을까?

햄릿처럼 죽고 사는 일생일대의 중요한 문제가 아니더라도, 살다 보면 양단간에 결정해야 할 순간이 수도 없이 많다. 여간 고민스럽고 힘든 게 아니다. 아무리 이렇게 저렇게 생각해보고 주변 사람들에게 조언을 구해보아도 결정을 내리기 쉽지 않다. 그렇다고 회피할 수 있는 일도 아니다. 결국 내가 스스로 결정해야 하며 그 누구도 대신해 줄 수 없다.

이때 무엇보다 중요한 것은 자기 내면과 솔직한 대화를 나누는 것이다. 이렇게 하다 보면 문제 해결의 실마리를 찾을 수 있다. 자기 대화의 효과적인 방법 중 하나는 가상의 존재를 만들어서 둘 사이의 대화를 시도해 보는 것이다.

마치 해리포터 이야기에 나오는 '그리핀도르'와 '슬리데린'처럼 말이다. 그리핀도르는 용기와 정의, 영웅적인 가치를 상징한다. 반면에 슬리데린은 야심과 성취, 개인주의를 대표한다. 해리는 뭔가 중요한 결정을 해야 할 때, 자주 내면의 대화를 통해 해답을 찾았다.

가상의 존재를 만들어서 대화를 시키고 나는 제3자처럼 물러나 둘 사이의 대화를 관찰한다. 이렇게 하면 자신의 감정과 생각을 객관화하여 보다 다양한 시각에서 문제를 검토하고 해결할 수 있다. 욕망이나 유혹에 휩쓸려 순간적으로 잘못된 판단을 하지 않고 진정한 나를 지킬 수 있는 것이다.

임화세와 시암(是庵)

임화세(任華世, 1675-1731)는 경상도 경주 출신의 관리이자 문인이다. 22세에 명경과에 합격하였으며 25세에 문과에 급제하였다. 30대에 전적·감찰·직강 등을 역임하였는데, 이후로 몇몇 관직을 거쳐 52세에 예조 정랑을 역임하였다. 상당히 이른 나이에 문과에 합격하였으나 끝내 높은 벼슬에는 오르지 못하였다.

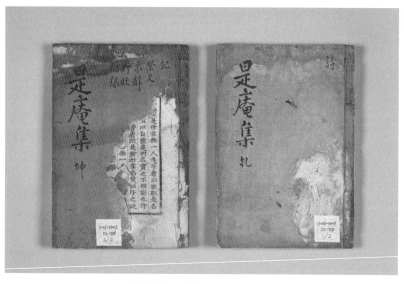

임화세, 『시암집』(국립중앙박물관 소장)

임화세는 만년에 서재에 '시암(是庵)'이란 이름을 붙이고 자호를 '진시옹(眞是翁)'이라 하였다. 그러고는 「시암기」를 지어 삶의 지향을 드러냈다. 재밌는 것은 '진시옹(眞是翁)'과 '무시옹(無是翁)'이라는 가상 인물을 등장시켜 둘의 대화를 시도한 점이다. 또한 임화세는 '시(是)'자가 가지고 있는 여러 가지 뜻을 재밌게 활용하였다.

'시(是)'는 지시대명사인 '이'의 뜻과 형용사인 '옳다'의 뜻을 함께 가지고 있다. 「시암기」의 첫 문장을 원문과 함께 들어 본다.

> 이 해, 이 달, 이 날에 이 초막의 진시옹(眞是翁)이 이 산속에 이 초막을 짓고 이름을 '시암(是庵)'이라 하였다.[是歲是月之是日, 是庵眞是翁, 構是庵於是山之中, 以是名庵.]

'이 해[是歲]', '이 달[是月]', '이 날[是日]', '이 초막[是庵]', '이 산[是山]' 등에서 '시(是)'를 지시대명사로 사용하였다. 임화세는 진시옹과 무시옹의 가상 대화를 이어갔다. '진시옹(眞是翁)'은 글자 그대로 풀면 '참으로 옳은 늙은이', '무시옹(無是翁)'은 '옳은 게 없는 늙은이'란 뜻이다. '시암'이라는 재호에는 '이'라는 의미와 함께 '옳다'라는 의미도 담아낸 것이다.

임화세가 고민한 것은 세상사의 시비 문제였다. 임화세는 자신의 자호를 '진시옹'이라 하고 재호를 '시암'이라 지어서 세속의 시비 따위에 휘

말리지 않고 부귀와 빈천 따위에 연연하지 않겠다는 의지를 표현하였다. 임화세는 「시암기」를 지어 문미에 걸어서 자신의 의지를 세상에 알리는 동시에 자기 자신을 경계시킨 것이다.

시암기

是庵記

임화세

이 해, 이 달, 이 날에 이 초막의 진시옹(眞是翁)이 이 산속에 이 초막을 짓고 이름을 '시암(是庵)'이라 하였다. 날이 저물면 시암에서 얼큰히 술에 취하여 기둥에 기대어서 노래를 불렀다.

산엔 녹음이 우거지고

냇물은 깊고도 깊도다

저 물고기와 산새들

헤엄치고 날며 내 마음 알리라

靑山兮陰陰　　　　綠水兮深深

水有魚兮山有禽　　泳且飛兮知我心

노래를 다 부르고 난 뒤 흥에 겨워 즐겁게 발을 구르며 춤을 추었다. 날마다 이렇게 생활하면서도 자신의 그릇됨을 알지 못하였다.

곁에 무시옹(無是翁)이 있었다. 무시옹은 진시옹이 스스로를 옳다고 여기는 것을 책망하면서도 남들로부터 옳음을 인정받지 못하는 것을 가엾게 생각하였다. 무시옹은 눈을 부라리며 진시옹을 노려보다가 분연히 소매를 걷고 말하였다.

"진정 이렇단 말입니까. 그대는 세상 물정을 모른다오. 나는 그대의 언행에서 옳은 것을 보지 못했소. 또한 세상에는 그대를 옳게 여기는 자가 아무도 없소이다. 그런데 '시(是)'라는 이름을 훔쳐다 서재의 이름으로 붙인 것도 모자라 또 자호로 삼았습니다. 이 어찌 이름과 실질이 어긋난 것이 아니겠소! 아니면 그대는 혹 이 이름을 써서 스스로를 경계시키려는 것이오?"

진시옹이 손뼉을 치고 웃으며 말하였다.

"그대가 어리석은 나를 일깨워주는 것은 옳소이다. 그러나 내가 어찌 옳은 구석이 한 가지도 없는데, 멋대로 스스로 옳다고 여기는 그런 사람이겠소. 안타깝구려! 그대는 '옳음'에 관한 나의 생각을 들어보시구려.

이 세상 사람들은 각자 옳다고 생각하는 것을 가지고 작은 이익에 얽매여서 서로를 공격하며 날마다 죄를 뒤집어씌워 죽이려고 합니다. 그런데 나는 부족한 재주로 일찍 과거시험에 합격하여 수주대토(守株待兔)마냥 요행을 바랄 뿐이었지, 세상에 아첨하는 것은 끝내 하기 어려웠소. 그래서 나에게 공명일랑 마치 비늘 없는 메기가 미끄러운 대나무에 오르는 것처럼 애초부터 불가능한 것이었소. 그러나 허물일랑 마치 개미가 비린내 나는 것에 몰려드는 것처럼 많았다오.

나는 벼슬에서 물러나 한가로이 지내고 내 분수를 헤아려 세상에 나가지 않소. 세상의 시비 따위는 귀를 틀어막고 세상 밖의 산수에 마음을 자유로이 맡겼다오. 이렇게 살다가 이렇게 죽으면 그뿐이라오. 이 세상에 부귀와 빈천 따위가 있는 것일랑 내가 알 바 아니라오."

무시옹이 고개를 숙이고 진시옹을 찬찬히 보더니 마음속에 문득 그와 통하는 것이 있는 듯하였다. 그러고는 두 손을 들어 사과하며 말하였다.

"참으로 옳고 옳은 말씀이오! 초막을 '시암'이라 이름하고 자호를 '진시옹'이라 하기에 충분하구려. 그런데 어찌하여 이런 내용으로 기문을 짓지 않는 것이오?"

"그렇게 하겠소."

마침내 이 날 주고받았던 대화를 기록하여 문미에 걸어서 훗날 이 초막에 오는 자가 보고 알도록 하였다.

– 『시암집』 권3

소유보다 존재에 집중하기

유언술의 지족당(知足堂)

유언술

———

　나는 부족한 것을 풍족하다고 여길 뿐이다. 사람이 풍족해지기를 기다려 만족하고자 한다면, 참으로 언제가 되어서야 만족할 수 있겠는가.

존재냐 소유냐

　에리히 프롬은 『존재냐 소유냐』라는 책에서 인간의 삶의 방식을 '가지다[To Have]'와 '되다[To Be]' 두 가지로 나누어 비교하였다. '가지다'는 물질적 소유와 소비에 중점을 두며, '되다'는 내적 성장과 인간적인 경험에 중점을 둔다. 에리히 프롬은 '되다'에 중점을 둔 삶이 우리에게 진정한 행복과 만족을 가져다준다고 주장하였다.

소유에 집착하는 삶은 타인과의 경쟁을 피할 수 없다. 늘 남보다 비교 우위에 있어야 하며 남보다 많이 가져야 행복하다. 그래서 물질적인 풍요와 외부적인 성공에 몰두한다. 만약 가지고 있던 것이 상실되거나 가지고 싶었던 걸 가지지 못하면 내적 공허함과 불만이 쌓인다. 과연 이를 행복한 삶이라 할 수 있을까.

이에 반해 존재에 중점을 두는 삶은 남보다는 나 자신에 집중한다. 내가 되고 싶은 것, 내가 알고 싶은 것, 내가 사랑하는 것, 내가 행복한 것 등을 성찰한다. 그러고는 사람들과의 관계 속에서 이런 것들을 실현해 나가는 일을 경험한다. 남이 알아주건 알아주지 않건 그것은 중요하지 않다. 물질적으로 풍요롭지 못하더라도 내 인생은 누구보다도 나만의 행복으로 가득하다.

예나 지금이나 우리는 경쟁 사회에 살고 있다. 내가 진정 원하는 것도 아니면서 남이 좋다고 하니 나도 가지려고 한다. 남과 싸워서 그것을 차지한다고 한들 그것이 진정 나에게 행복을 가져다주는가. 남이 만들어놓은 기준을 좇아가느라 나의 소중한 인생을 허비하고 있는 것은 아닌가. 가끔은 내 삶의 방식이 '소유'인지 '존재'인지 되돌아봐야 할 것이다.

유언술과 지족당(知足堂)

유언술(兪彦述, 1703-1773)은 27세에 진사시에 합격하고 34세에 문과에 급제하여 본격적으로 벼슬을 시작하였다. 내직으로 지평·장령·사간 등을 거쳐 대사간·대사헌·도승지·지중추부사 등에 올랐다. 외직으로는 평강 현감·광주 경력 등을 거쳐 홍주와 나주의 부사 등을 역임하였다. 47세에는 사신으로 청나라에 다녀오기도 하였다. 조선시대 다른 문인들과 비교해 보아도 나쁘지 않은 경력이다. 다만 고위직인 판서나 관찰사, 재상 등에는 오르지 못하였다.

유언술 초상(국립중앙박물관 소장)

유언술은 50대 중반에 자신의 서재에 '지족당(知足堂)'이라는 이름을 붙였다. '지족(知足)'은 '만족을 알다.'라는 뜻이다. 그런데 '지족'이라는 재호는 조선시대에 그리 특별한 것이 아니다. '안분지족(安分知足)'이란 말이 있듯이, 하늘로부터 부여받은 자신의 운명을 인정하고 명예나 부귀 따위에 욕심을 내지 않는 것은 조선시대 선비들의 기본적인 덕목이었다. 유언술의 '지족' 역시 자신의 분수를 알고 만족할 줄 알아서 관직에 욕심을 내지 말고 물러나야 한다는 뜻을 담아낸 재호이다.

그러나 실제로 관직에 나갈 것인지 아니면 물러날 것인지 하는 선택의 기로에 섰을 때, 결코 결정하기 쉬운 문제가 아니다. 특히 잘나갈수록 늙을수록 탐욕이 꿈틀거린다. '조금만 더 하면 승진할 수 있을 거 같은데.' '더 늙기 전에 남들처럼 이거는 해봐야 하지 않겠어.' 이때 판단을 잘해야 한다.

유언술은 벼슬이 높았던 것도 아니고 또 은퇴할 나이도 아니었다. 결국 그는 한(漢)나라의 개국 공신 장량(張良)이 갔던 길을 따르고자 하였다. 장량은 전국시대 한(韓)나라 재상 집안의 후손이었다. 진시황이 자신의 나라를 멸망시키고 천하를 통일하자 진시황을 죽여 복수하려고 하였다. 장량은 사람을 고용하여 박랑사(博浪沙)라는 곳에서 진시황을 저격하려다 실패하였다. 이후 이교(圯橋) 아래에서 선인 황석공(黃石公)을 만나 병법서를 얻었고, 이를 공부하여 후에 한나라를 세운 유방(劉邦)의 책사가 되었다.

장량은 유방을 도와 진나라를 멸망시키고 한나라를 세우는 데에 큰 공을 세웠다. 유방은 다른 개국공신과 마찬가지로 장량을 유후(留侯)에 봉하였다. 그리고 장량의 공이 가장 크다며 다시 삼만호(三萬戶)에 봉하여 제나라 왕으로 삼으려 하였다. 그러나 장량은 유후만으로도 더 없이 '만족하다'고 하며 삼만호를 사양하고 정계를 떠났다. 유언호도 장량처럼 현재의 관직에 만족하고 벼슬에서 물러나려 한 것이다.

그런데 조선시대 사대부라면 열심히 공부하여 도를 깨치고 관직에 나아가 도를 펼쳐야 한다. 그것이 사대부의 존재 이유이자 사회적 책무였다. 노자(老子)는 "만족함을 알면 치욕을 당하지 않고 그칠 줄을 알면 위태롭지 않으니 오래갈 수 있다."라고 하였다. 모든 선비가 노자가 말한 것처럼 만족할 줄만 알고 모두 관직에서 물러난다면, 누가 이 세상에 도를 펼쳐서 태평성대로 만든단 말인가.

　중요한 것은 자신이 정말로 도를 깨우칠 정도로 공부가 되어 있는가, 관직에 나아가 그 도를 펼칠 능력이 자신에게 있는가이다. 의욕만 지나치면 자기 능력을 과신하게 되고, 그 폐해는 자신은 물론 다른 이들에게까지 미치게 된다. 이런 까닭에 자신이 가지고 있는 깜냥을 냉철하게 인식하는 것이 중요하다. 이렇게 하기 위해서는 만족을 아는 마음 자세가 필요하다. 그래야 외부적인 명리에 현혹되지 않고 자신을 위해 최선을 다하는 삶을 살게 되는 것이다.

지족당기

知足堂記

지족자(知足子)는 자기 집 마루에 '지족당(知足堂)'이라는 이름을 붙였다. 어떤 객이 지족당에 들렀다가 이를 비웃으며 말하였다.

"그대는 벼슬이 높은 것도 아니고 나이가 많은 것도 아니오. 또한 도덕과 문장을 성취하지도 못했고 공명과 사업을 이루지도 못했소. 심지어 사는 집이나 먹는 음식 같은 것도 역시 풍족하지 못합니다. 그런데 어찌하여 만족한단 말입니까. 그대 같은 사람이 만족을 안다고 한다면 누군들 만족을 알지 못하겠습니까."

나는 대답하였다.

"나는 다만 부족한 것을 풍족하다고 여길 뿐이외다. 그렇기 때문에 '지족'이라 한 것이라오. 사람이 풍족해지기를 기다려 만족하고자 한다면, 참으로 언제가 되어서야 만족할 수 있겠습니까.

내가 예전부터 살펴보니, 사람들의 백 가지 병폐와 천 가지 우환은 모두 만족을 알지 못하는 데서 비롯된 것입니다. 자기 손에 넣지 못하면 밤늦게까지 이곳저곳을 분주하게 돌아다닙니다. 마치 파리가 윙윙대고 개가 구차하게 돌아다니는 것처럼 말입니다. 또 노비가 비굴하게 아첨하며 무릎을 꿇는 것처럼 말입니다.

만약 자기 손에 넣을 수만 있다면, 비록 남의 종기를 빨고 치질을 핥더라도 마다하지 않고 다 합니다. 자기 손에 넣게 된 이후, 많은 봉록을 받고 궁궐 같은 집에 살게 되었는데도 만족을 모르고 그만두지 않습니다.

통행금지를 알리는 종이 울리고 물시계에 물방울이 다 떨어진 것처럼 나이가 들어 은퇴할 때가 되었습니다. 그런데 여전히 파리처럼 앵앵거리며 관직을 차지하려고 분주하게 돌아다닙니다. 그리하여 작게는 제 한 몸의 명예를 더럽히고 몸을 망치며, 크게는 죽을죄를 저질러 죽임을 당하더이다. 아, 참으로 슬퍼할 만한 일이 아니겠소!

장유후(張留侯, 장량(張良))는 일개 '족(足)' 자를 뽑아내어서 천고의 갈 길을 잃은 자들을 일깨웠습니다. 그러나 애석하게도 사람들은 그것의 참된 의미를 알지 못하고, 수천 년간 같은 길을 걸으며 오래도록 취중과 꿈 속에서 빠져나오지 못하고 있습니다.

이 때문에 내 집 마루에 '지족'이라는 이름을 붙여 스스로 경계하고자 하는 것입니다. 동시에 만족함을 알지 못하고 제집의 마루에 오르는 자들을 훈계시키고자 하는 것입니다."

객이 말했다.

"그대의 말은 참으로 옳소. 나는 다만 그대가 잘못을 바로잡으려다 지나쳐서 오히려 일을 그르치지나 않을까 걱정됩니다. 사람이 세상에 태어나서 뭔가 훌륭한 일을 해내야 비로소 사람으로서 존귀한 존재가 되는 법이라오. 그리하여 어려서는 공부를 하고 장성해서는 이를 세상에 실행하려는 것입니다.

지금 사람들이 모두 그대의 도를 따라서 만족할 줄만 알아 벼슬의 높고 낮음, 나이의 많고 적음, 도덕과 문장의 성취 여부, 공명과 사업의 성공 여부 따위에는 신경 쓰지 않으며 오로지 '지족'만 말한다고 칩시다. 벼슬에 나아가 도를 실천하거나 물러나 은거하는 상황에서 모두 물러날 줄만 알고 나아갈 줄 모른다면, 이는 천하를 들어다가 한계를 짓는 격이니 어찌 옳겠소이까.

이런 까닭에 장유후는 삼만호(三萬戶)를 거절하고 유(留) 땅에 봉해진 이후에야 '지족'을 말했던 것입니다. 만약 장유후가 젊은 시절 박랑사(博浪沙)에서 진시황을 저격하다가 실패했던 날에 만족함을 알았더라면, 그는 무모한 죽음을 두려워하지 않는 일개 용사에 지나지 않았을 것입니다.

또한 이교(圯橋) 아래에서 어떤 노인으로부터 병법서를 받던 날에 만족함을 알았더라면, 그는 그저 수업을 들을 만한 일개 어린아이에 불과했을 뿐입니다. 만약 장유후가 여기에 그쳤다면, 예나 지금이나 세상에서 그 누가 장유후를 두고 맡겨진 책무를 완수한 사람이라 기꺼이 말하겠습니까. 그대는 너무나 세상을 부정적으로 보는데, 나는 그대의 말이 세상에 더욱 병폐가 될까 걱정되는구려."

나는 대답했다.

"이것이야말로 내가 만족함을 알려는 까닭이외다. 사람이 태어날 때 하늘로부터 받은 것이 있으니 곧 운명이라는 것이오. 운명이 그러하다면 비록 만족함을 알더라도 풍족하지 않은 적이 없을 것입니다. 반대로 운명이 그렇지 않다면 비록 만족함을 알지 못하더라도 풍족한 적이 없을 것입니다. 따라서 만족함을 아는 것은 운명을 아는 것이라오.

그러나 운명은 하늘에 달려 있는데 하늘은 사람이 기필할 수 없는 것입니다. 차라리 나에게 있는 것에 최선을 다하여 하늘에 있는 것을 기다리는 것이 낫소이다. 이것이 '지족'에 담긴 의미라오."

객이 말했다.

"그대의 말이 옳습니다. 나도 이를 따라 실천하고자 합니다."

- 『송호집』 권5

매일 농사짓듯이 살아라

강헌규의 농려(農廬)

강헌규

　깊게 밭을 갈면 김매기가 쉬운 것처럼, 선비는 정밀하게 사색하고 힘써 실천해야 한다. 잡초를 제거하여 작물을 보호하는 것처럼, 선비는 거짓을 막아내고 진리를 보존해야 한다.

콩콩팥팥 – 뿌린 대로 거둔다

　'콩콩팥팥'은 "콩 심은 데 콩 나고 팥 심은 데 팥 난다."라는 속담을 줄인 말이다. 요즘은 뭐든 줄여서 얘기하는 게 다반사다. 이 속담에 담긴 의미는 말 그대로 자기가 뿌린 대로 거둔다는 뜻이다.

또 〈콩콩팥팥〉은 예능 프로그램의 제목이기도 하다. 영화배우 네 명이 주말농장처럼 매주 시골에 가서 농사를 짓는 이야기이다. 뜨거운 여름 뙤약볕 아래서 밭을 갈고 골을 타고 비닐을 씌웠다. 그리고 정성껏 열무·상추·들깨 등을 심었다. 땀은 비 오듯 흐르고 처음 해보는 농사일이라 고생이 이만저만이 아니다. 그래도 상추랑 깻잎 따서 삼겹살 구워 먹고 열무김치 담가 먹는다는 생각으로 한껏 기대에 부풀었다.

모종을 심은 지 1주일 뒤에 밭에 가보았다. 그러나 밭에는 잡초가 무성하게 자라 온통 풀밭이었다. 애써 심은 작물 중에 들깨 외에는 전멸이었다. 상추는 싹도 나지 않았고 열무는 싹은 났지만 벌레가 온통 갉아먹어 죽기 직전이었다. 그나마 들깨만 온전히 살아 있었다. 결국 들깨만 남기고 밭을 다시 갈아엎었다. 삼겹살 파티나 열무김치 꿈은 산산조각이 났다.

주말농장을 해본 사람이라면 누구나 한 번쯤 경험에 보았을 일이다. 한창 작물이 자라는 여름에는 하루 이틀만 관리를 소홀히 해도, 잡초며 해충으로 작물이 제대로 자라지 못한다. 그러면서 "할 것 없으면 시골 가서 농사나 지을까."라는 말을 함부로 해서는 안 된다는 것을 절감한다. 예능 프로그램에서 하는 주말농장이라 괜찮지만, 정말 생계를 위해 농사를 짓다가 이렇게 되었다면 굶어 죽고 말 것이다.

모든 일이 농사짓는 것과 마찬가지이다. 기초를 튼튼히 하고 매일매일 정성을 쏟고 꾸준히 노력해야 한다. 그래야 결실을 맺을 수 있는 것이다.

강헌규와 농려(農廬)

　강헌규(姜獻奎, 1797-1860)는 경상도 안동 출신의 문인이다. 26세 진
사시에 합격하였으나 이후 문과에 합격하지 못하였다. 그래서 벼슬에 나
가지 못하였으며 평생 고향에서 글을 읽고 시문을 지으며 살았다.

　강헌규는 '농려'와 함께 '수소재(守素齋)'·'함일당(涵一堂)' 등의 재호
를 사용하였다. 생전에는 주로 수소재라는 호로 불렸던 것 같다. 그러나
강헌규는 자신의 시문집 제목을 직접 '농려만록(農廬謾錄)'이라고 썼다.
'농려'라는 재호를 특별히 좋아했던 것이다.

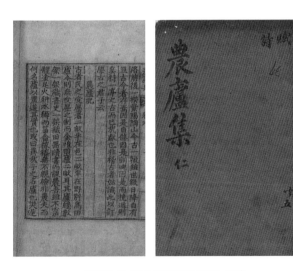

강헌규, 『농려집』(국립중앙도서관 소장)

　'농려(農廬)'는 농사짓는 데 편리하도록 논밭 근처에 임시 거처로 지은

농막이다. 봄부터 가을까지 한창 바쁜 농번기에는 새벽부터 밤늦게까지 쉬지 않고 논밭에 나가 일해야 한다. 제때 밭을 갈아 씨를 뿌리고 김을 매야 가을에 제대로 수확할 수 있다. 마을에 있는 집에서 논밭까지 오고 가는 시간도 아깝다. 그래서 논밭에 농막을 지어 농번기에는 이곳에서 먹고 자며 모든 시간을 농사에 쏟아부었다.

"농사는 천하의 대본이다."라는 말이 있듯이 조선시대 농업은 경제의 중추였다. 농민은 사농공상의 하나로 공인·상인보다 우대를 받았다. 그러나 신분상 농민은 양반보다 아래였으며 농사짓는 것은 글공부하는 것보다 천시 받았다.

강헌규는 「농려기」에서 공자와 번지의 대화를 언급하였다.

제자 번지가 농사짓는 방법을 배우고 싶다고 하였다. 공자는 "나는 노련한 농부보다 못 하다."라고 대답하였다. 번지가 또 원예를 배우고 싶다고 하자, 공자는 "나는 노련한 원예사보다 못 하다."라고 하였다.

번지가 나간 뒤에 공자는 말하였다.

"촌스럽구나, 번지여! 윗사람이 예(禮)를 좋아하면 백성들은 모두 윗사람을 공경한다. 윗사람이 의(義)를 좋아하면 백성들은 모두 복종한다. 윗사람이 신(信)을 좋아하면 백성들은 감히 사실대로 하지 않는 이가 없다. 이렇게 되면 사방의 백성들이 자식들을 업고 그 나라로 찾아올 것이다. 어찌 농사짓는 방법을 쓸 필요가 있겠는가."

－『논어』「자로」

번지가 농사와 원예를 배우고자 한 것은 백성들의 살림살이를 넉넉하게 해 주고 싶어서였다. 공자 역시 농사나 농민 자체를 천시한 것은 아니다. 다만 공자가 추구한 것은 먹고 사는 문제를 넘어 동물과 다른 사람다운 길이다. 공자는 사람과 사람 사이의 관계가 올바르게 정립될 때, 갈등과 전쟁을 멈출 수 있다고 보았다. 따라서 지식인이 집중해야 할 것은 예·의·신과 같은 인륜이지 생계를 위한 농사가 아니다. 이런 맥락에서 공자는 제자 번지를 나무란 것이다.

조선시대 선비는 공자가 말한 예·의·신을 지향해야 하는 지식인이었다. 강헌규도 농막을 두긴 했지만 직접 농사를 지은 것은 결코 아니며 농사를 관찰하고 단속하는 정도였다.

다만 농사를 관찰하며 그것으로부터 학문의 방법을 배울 수 있었다. 열심히 밭 갈고 김을 매야 거둘 것이 있듯이, 정밀하게 사색하고 힘써 실천하며 사특한 것을 막고 진실한 것을 보존해야 학문에 성취가 있다. 강헌규는 재호를 '농려'라 지어 학문을 게을리해서는 안 된다고 스스로 다그친 것이다.

농려기

農廬記

강헌규

먼 옛날 정전법(井田法)이 시행되던 시대에 백성들은 나라에서 100묘 (畝) 넓이의 땅을 받았다. 그 중 2묘 반은 읍내에 두어 거주하는 집을 지 었고, 2묘 반은 농토에 두어 별도로 농막을 지었다.

지금은 이런 제도가 없어졌는데 나는 홀로 들에 2묘를 두어 농막을 지 었다. 농막은 겨우 두세 칸이다. 한 칸에는 책을 소장하고 다른 한 칸에 는 농기구를 보관하여 책을 읽고 농사를 권면하였다. 내가 직접 새벽이 슬을 맞거나 발에 진흙을 묻히는 것은 아니다. 밭에서 초목을 불태우고 흙을 갈아엎거나 물을 대고 김을 매는 것도 아니다.

그렇지만 밭을 일구어 모종을 심고 거두는 것을 내가 모두 직접 단속 하니 농부가 아니면 무엇이랴. 초막을 '농려(農廬)'라 이름 붙인 것은 실 질을 이른 것이라 하겠다.

어떤 이가 물었다.

"초막을 '농려'라고 이름 붙이다니 이상하구려. 공자의 제자 번지(樊 遲)가 농사에 대해 묻자, 공자께서는 '농사에 관해서 나는 노련한 농부보 다 못하다.'라고 하셨고, 또 '촌스럽구나, 번지여!'라 하셨습니다. 그대는 공자를 배우지 않고 번지를 배우고 있으니 어째서 그런 것이오?"

나는 대답하였다.

"성인인 공자께서 제자 번지를 질책한 것은 번지가 학문에 더욱 정진하도록 권면하기 위해서라오. 만약 질책하지 않았다면 번지에게 어찌 학문의 진보가 있었겠소. 농민은 사농공상의 하나로 공인(工人)의 위이고 선비[士]의 아래입니다. 농사가 어찌 천한 일이란 말이오.

송나라 학자 나대경(羅大經) 같은 사람은 공자를 '농사(農師)'·'포사(圃師)'라고 일컫기도 하였소. 농사가 과연 천한 일이었다면 어찌 감히 성인에게 천한 이름을 붙였겠습니까. 번지는 성인 문하의 뛰어난 제자인데도 농사에 대해 물었소. 그러하니 나 같은 사람이 어찌 번지를 천하게 여겨서 배우지 않을 수 있단 말이오.

더욱이 선비가 공부를 하는 것은 농부가 농사를 짓는 것과 같다오. 농부는 반드시 일찍 모종을 심고 힘을 다해 김을 맵니다. 아침 일찍 일어나 밤까지 쉬지 않습니다. 일을 거의 완수하였는데도 더 열심히 해야겠다고 다짐합니다. 깊게 밭을 갈면 김을 매기가 쉬우니, 이는 선비가 정밀하게 사색하고 힘써 실천하는 것입니다. 잡초를 제거하여 모종을 보호하니, 이는 선비가 사특함을 막고 진실함을 보존하는 것입니다.

『예기』 「예운(禮運)」에 '성인은 예를 닦는 것을 밭을 가는 것으로 여겼고, 학문을 강론하는 것을 김을 매는 것으로 여겼다.'라 하였으니, 바로 이것을 두고 하는 말이라오. 비록 경서를 공부하며 서재를 '농려'라 한들 안 될 게 뭐가 있겠습니까.

다만 나는 학문에 성취가 없고 농사에 또한 게을러서 이 농려에 심히 부끄러울 뿐이라오. 그러나 이 농막의 이름을 따라 열심히 공부하여 실질에 부합해야 한다고 나를 다그치고 있소이다. 어찌 감히 나 스스로를 이렇게 권면하지 않을 수 있겠소이까."

- 『농려집』 권6

선비가 공부를 하는 것은 농부가 농사를 짓는 것과 같다오.

농부는 반드시 일찍 모종을 심고 힘을 다해 김을 맵니다.

아침 일찍 일어나 밤까지 쉬지 않습니다.

일을 거의 완수하였는데도 더 열심히 해야겠다고 다짐합니다.

세상을 향한
첫 외침

스무 살, 나의 외침

이병원의 소호(所戶)

이병원

———

'소(所)'라는 글자는 문장에서 어조사로 사용된다. 실질적인 의미는 없지만 글을 지을 때 없어서는 안 되는 글자이다. 나는 이 세상에서 이 '소'자와 같은 존재가 아닐까.

참을 수 없는 존재의 가벼움과 무거움

스무 살이면 성인이다. 스무 살이 되면 신체적으로나 정신적으로 성인이 된 것이며, 사회에서도 공식적인 성인으로 인정해 준다. 10대에는 언제면 성인이 되어 어른들 간섭 안 받고 내 마음대로 살 수 있을까, 빨리

어른이 되기를 간절히 바란다.

　스무 살 드디어 성인이 되면 부모님과 선생님의 간섭에서 벗어나 자유를 만끽하며 자기 인생을 설계해 본다. 밤늦게까지 친구들과 놀기도 하고 여행도 마음껏 다닌다. 이것저것 해보고 싶었던 것도 시도해 보고 아예 부모님 집을 나와서 나만의 독립된 공간에서 생활하기도 한다. 자신의 정체성을 사회 속에서 본격적으로 펼쳐보는 것이다.

　그런데 성인이 된다는 건 마냥 행복한 것만은 아니다. 더 이상 부모님과 선생님의 테두리 안에서 보호받을 수 없다. 나 혼자 힘으로 세상과 부딪히며 살아가야 한다니 두려움이 앞서기도 한다. 자기 정체성에 대한 고민이 깊어진다. 나는 이 세상에서 어떤 존재인가, 나는 앞으로 어떻게 살아갈 것인가.

　1990년대에 밀란 쿤데라가 지은 『참을 수 없는 존재의 가벼움』이란 소설이 젊은이들 사이에 유행한 적이 있다. 작가는 가벼움과 무거움 사이에 놓인 젊은이가 겪어야 하는 실존적 고뇌를 그렸다. 그렇다고 가벼움이나 무거움 중 어느 한쪽을 이상적인 모습이라고 주장한 것은 아니었다.

　젊은이는 인간관계나 인생의 목표를 가볍게 설정하여 어느 한 곳에 얽매이지 않고 자유롭게 살고 싶어 한다. 그러나 가벼움으로 인한 공허함, 자유로움과 무소속으로 인한 불안함 때문에, 진지한 인간관계와 의미 있는 인생 목표를 추구하기도 한다.

젊은 날은 존재의 가벼움과 무거움 사이에서 끊임없이 고뇌하며 표류하는 시기이다. 이 고뇌와 표류를 겪어야 비로소 자신의 정체성을 정립하고 진정한 사회인이 되는 것이다.

이병원과 소호(所戶)

조선 후기 경상도 안동에 이병원(李秉遠, 1774-1840)이란 스무 살 청년이 살고 있었다. 예나 지금이나 스무 살이 되면 자신의 존재와 인생의 진로에 대해 고민하기 마련이다. 이병원은 스무 살 성인이 되었으니 자기 나름의 정체성을 세우고 싶었다. 그래서 어엿한 자기만의 이름을 짓기로 했다.

이병원은 막 스무 살이 되던 해에 자신의 집에 '소호(所戶)'라는 이름을 붙이고 「소호기」라는 글을 지었다. '소호'는 '바 소(所)'자와 '집 호(戶)'자를 결합한 말인데 글자 그대로 보면 '집이 되는 것' 정도의 뜻이다. 그다지 특별한 의미도 없는 것 같은데 이병원은 왜 재호를 '소호'라 한 것일까.

「소호기」의 전반부에서 이병원은 '소호'에 담긴 의미를 세 가지로 이야기하였다. 첫째, 사는 곳의 마을 이름에서 따왔다. 이병원은 '소호리(蘇湖里)'에서 나고 자랐다. 자호를 지을 때 사는 곳의 지명을 가져다 쓰는 것은 전통적인 방법이다. 다만 이병원은 지명을 그대로 가지고 오지 않았다. '소호'라는 발음만 취하고 '소(蘇)'는 '소(所)'자로, '호(湖)'는 '호

(戶)'자로 바꾸었다. 요즘 사람들이 동음이의어를 가지고 말장난하듯 한 것이다.

둘째, '소(所)'에는 '~하는 바'의 뜻이 있으므로 '소호'는 '집으로 삼는 것'이라는 뜻이 된다. 곧 '소호'라는 이름은 '사람이 사는 집'이라는 것 외에 특별한 의미가 없다. 어떻게 보면 이름이 없는 것이나 마찬가지이다.

셋째, 어조사 '소(所)'자의 쓰임과 의미를 취하였다. 한문의 품사는 크게 실질적인 의미를 지닌 실사와 문법적인 기능을 하는 허사로 나누어지는데 어조사는 허사에 속한다. 어조사는 우리말의 조사와 같이 실질적인 의미는 없이 다른 글자를 보조해 주는 기능을 한다. 어조사가 비록 실질적인 의미는 없으나 한문에서 없어서는 안 된다. 이병원은 자신도 이 어조사 '소(所)'자와 같은 존재라고 하였다.

이병원은 바로 세 번째의 의미를 취했다. 곧 어조사 '소' 자처럼 이 세상에서 자신은 크게 의미 있는 존재는 아니지만 그렇다고 없어서는 안 될 존재로 본 것이다.

이병원, 『소암집』(국립중앙도서관 소장)

그런데 이병원은 만년에 「소암기」를 장난삼아 지은 글이라 하였다. '소호'라는 자호가 일반적이지 않은 데다가 자호에 담긴 의미도 진지하지 못했다고 자책하였다. 일반적으로 서재에 이름을 붙일 때 '○○당(堂)', '○○헌(軒)', '○○재(齋)', '○○암(庵)' 등을 사용하였다. 이병원은 '○호(戶)'라 붙였는데 이런 사례는 거의 없다. 젊은이다운 장난기와 재치가 농후하다. 늙어서 보니 젊은 날의 객기가 부끄러웠던 것 같다.

그래서 이병원은 만년에 '소호(所戶)'를 '소암(所庵)'으로 바꾸었다. 그래도 '소(所)'는 그대로 둔 것인데 자호의 핵심적인 의미가 '소(所)'자에 있었기 때문이다.

이병원은 「소호기」의 후반부에서 문왕의 '오소지(五所止)'와 공자의 '사소구(四所求)'를 이야기하였다. 오소지는 문왕이 머물렀다고 하는 다섯 가지로, 임금이 되어서는 인(仁), 신하가 되어서는 경(敬), 자식이 되어서는 효(孝), 부모가 되어서는 자(慈), 남과 사귈 때는 신(信)을 말한다.

사소구는 공자가 추구한 네 가지 도인데, 자식에게 바라는 것으로 부모를 섬기는 것, 신하에게 바라는 것으로 군주를 섬기는 것, 아우에게 바라는 것으로 형을 섬기는 것, 벗에게 바라는 것을 내가 먼저 베푸는 것 등이다. 곧 이병원은 문왕의 도에 머물고 공자의 도를 추구하고자 했던 것이다.

이처럼 「소호기」는 전반부와 후반부가 완전히 딴판이다. 이병원은 만년에 '소'자에 담긴 의미가 「소호기」의 전반부가 아니라 후반부에 있다고 했다. 그러나 이것은 어디까지나 젊은 시절의 객기가 부끄러워서 한 말이다. 이병원에게는 전반부와 후반부가 모두 의미가 있었다. 그렇기 때문에 「소호기」라는 글을 끝까지 그대로 남겨둔 것이며 굳이 전반부를 고치지 않은 것이다.

스무 살의 이병원은 어조사 '소'자처럼 때론 가벼운 존재로, 문왕의 오소지와 공자의 사소구처럼 때론 무거운 존재로, 그 둘 사이에서 고민했던 것이다.

소호기

所戶記

거사는 특별히 하는 일이 없다. 사는 집은 겨우 한 칸으로 작다. 방에는 즐겨 읽는 책을 꽂아 놓은 책꽂이 하나가 놓여 있을 뿐이다. 하는 일이라곤 마당에 있는 연못에 물을 끌어다 놓고 마당가에 대나무를 심는 일이 고작이다. 거처하는 방에는 '소호(所戶)'라는 현판을 걸었다.

가깝게 지내는 사람이 거사의 집을 지나가다 물었다.

"그대가 지내는 집은 촌스럽구려. 그런데 '소호'라는 이름은 어디에서 의미를 가져온 것이오?"

거사가 대답하였다.

"그대 말대로 내가 사는 집은 촌스럽습니다. 내가 사는 마을 이름이 '소호(蘇湖)'인데, 지명에서 뜻은 제쳐두고 음만 가져왔소이다. '소(蘇)'를 '소(所)'로 바꾸고 '호(湖)'를 '호(戶)'로 바꾼 걸 그대가 모르는 것은 당연하다오.

또 소(所)는 '~하는 바'의 뜻이니 거사가 집으로 삼아서 사는 곳이란 의미입니다. 또 '소(所)'라는 글자는 문장에서 어조사로 사용되는데, 실질적인 의미는 없지만 글을 지을 때 없어서는 안 되는 글자라오. 나는 이 세상에서 이 '소'라는 글자와 같은 존재가 아니겠소.

제2부 세상을 향한 첫 외침   69

이 세 가지 중에 내가 선택한 것을 안다면, 집 이름을 지으면서 특별히 의미를 가져온 데가 없다고 말할 수는 없을 것이오."

그런데 '소(所)'자에는 또 '처소'라는 뜻이 있다오. 『서경』에 '공경을 나의 처소로 삼는다.'라 하였고, 또 '처소에서 안일하지 않는다.'라 하였소. '소(所)'는 이미 오래전부터 옛 성현들이 몸을 편안히 하고 천명을 바르게 확립하는 처소가 되었다오.

성군인 문왕(文王)이 행한 오소지(五所止)는 지극한 선을 처소로 삼은 것이요, 공자가 말씀하신 사소구(四所求)는 군자의 도를 처소로 삼은 것이라오. 마음이 고요한 가운데 깨달음을 얻으려면 능소(能所), 곧 주체인 '능(能)'과 객체인 '소(所)'를 명확하게 구분해야 합니다. 또 마음을 바르게 하려면 유소(有所)의 치우침, 곧 마음속에 성내는 것, 두려워하는 것, 좋아하는 것, 근심하는 것 등을 제거해야 합니다.

이렇게 한다면 어디에 머무르든 무슨 일을 당하든 즐겁게 할 수 있고 처음부터 끝까지 바른 자리를 잊지 않을 것이오. 이러한 경지는 오직 군자라야 할 수 있는 것이라오.

『주역』「계사전 상」에 '군자가 거처하여 편안히 여기는 것은 『주역』의 순서이고, 즐거워하여 완상하는 것은 효(爻)의 글이다.'라고 하였습니다. 참으로 바른 자리를 얻었다 할 것입니다."

소호자(所戶子)가 기록하다.

내가 스무 살 적에 「소호기」를 장난삼아 짓고 자호를 '소호자(所戶子)'라고 하였다. 만년에 보니 자호의 발음과 의미가 너무나 이상해서 좋지 않았다. 그래서 결국 '호(戶)'를 '암(庵)'으로 바꾸었는데 '소(所)'는 바꾸지 않고 그대로 두었다. 자호인 '소호'에 담긴 의미는 「소호기」의 후반부에서 취한 것이다.

- 『소암집』 권15

꿈속에서도 고민 중

임상덕의 몽소(夢所)

임상덕

————

　아무리 생각해도 터득하지 못하던 것이 종종 꿈속에서 터득되는 경우가 있다. 꿈에서도 터득하지 못한 것을 꿈에서 깨어난 후 다시 잘 생각해보면 터득되는 경우가 있다.

꿈속에서 길을 찾다

　현실이 실제라면 꿈은 허상이다. 그러나 인류는 오래전부터 꿈과 현실을 연결 짓고 싶어 하였다. 심지어 꿈이 현실에 영향을 끼친다고 믿기까지 한다. 21세기 과학기술 문명의 시대에도 꿈을 풀이하는 해몽은 여전히 성행하고 있다.

유교 경전의 하나인 『주례』에는 여섯 가지 꿈, 곧 육몽(六夢)이 나온다. 편안하게 저절로 꾸는 정몽(正夢), 놀라서 꾸는 악몽(噩夢), 생각이 있어서 꾸는 사몽(思夢), 잠깐 조는 가운데 꾸는 오몽(寤夢), 기뻐서 꾸는 희몽(喜夢), 두려워서 꾸는 구몽(懼夢)이다. 현실에서의 신체와 심리 상태가 꿈에 반영된다고 본 것이다.

프로이트는 꿈을 인간의 무의식적인 욕구와 충동을 표현하는 방법 중 하나로 보았다. 그리하여 꿈의 해석을 통해 인간의 무의식적인 욕구와 충동을 분석하였다. 우리의 고전소설인 김만중의 『구운몽』 역시 현실에서 결핍된 욕망을 꿈속에서나마 충족시켜 보려는 의식의 소산으로 이해할 수 있다.

이렇듯 꿈을 꾸는 것은 깨어 있을 때와 완전히 단절된 것이 아니다. 실제로 인간의 뇌는 자고 있는 동안에도 계속 활동한다. 특히 렘(Rem)수면 단계에서 두뇌가 가장 활발하게 활동한다고 한다. 렘수면은 깨어 있는 상태에 가장 가까운 수면이며 우리는 대부분 렘수면 단계에서 꿈을 꾼다.

그런데 렘수면은 젊었을 때 많았다가 나이가 들면 점점 줄어든다고 한다. 나이가 들면 꿈을 덜 꾸는 것은 이 때문이다. 젊었을 때는 두뇌활동이 활발하기 때문에 그만큼 꿈도 많이 꾸는 것이다.

젊은이들은 고민도 많고 그 고민은 꿈속까지 이어진다. 가끔 꿈속에서 골몰하던 문제의 해답을 찾고 기뻐서 일어나 쾌재를 부르기도 한다. 비록 밤잠을 설쳐 몸은 힘들지만, 꿈속에서라도 길을 찾고자 고투하는 것은 젊은이들만의 특권이 아니겠는가.

임상덕과 사헌(思軒) 그리고 몽소(夢所)

임상덕(林象德, 1683-1719)은 28세 때 서재에 '사헌(思軒)', 침실에 '몽소(夢所)'라는 이름을 붙이고 「몽소기」를 지었다. '몽소'라는 이름이 특이한데 글자 그대로 풀이하면 '꿈꾸는 곳, 잠자는 곳' 정도의 의미이다.

그런데 임상덕은 잠과 꿈을 구별하였으며 '몽(夢)'에 '사(思)'의 의미를 더하였다. 잠과 꿈을 구별하는 기준은 '생각[思]', 곧 의식의 유무이다. 잠에서 깨어 꿈을 기억한다는 것은 잠자지 않았을 때의 의식 상태를 잠잘 때에도 어느 정도 유지한 것이 된다. 꿈도 안 꾸고 잘 잤다는 것은 어떻게 보면 인간의 의식이 잠시 멈춘 상태라 할 수 있다.

임상덕은 꿈속에서도 공부가 계속될 수 있다고 보았다. 그저 의식을 멈추고 잠을 자는 것은 시간을 헛되이 보내는 것이다. 임상덕은 옛 성현들이 그러했듯이, 1분 1초도 헛되이 보내지 않고 언제 어디서나 의식이 깨어 있어서 공부에 열중하기를 바랐다. 임상덕에게 '몽소'는 잠을 자는 단순한 침실이 아니며 꿈속에서도 생각을 이어가는 곳이었다. 이렇게 보면 몽소는 성현을 글을 읽으며 사색하는 서재인 '사헌'과 다를 바가 없는 공간이다.

임상덕, 『노촌집』(국립중앙도서관 소장)

공부는 낮보다 밤이 더 중요하다. 다음은 맹자와 정자의 말이다.

낮 동안에 저지르는 행위가 양심을 해쳐 본성이 상실된다. 이러한
행위가 반복되면 야기(夜氣)가 보존되지 못하고 야기가 보존되지 못
하면 금수와 멀지 않게 된다.

― 『맹자』「고자 상」

사람은 꿈속에서도 자신의 학문이 얕은지 깊은지를 예측할 수 있
다. 꿈속에서 거꾸러진다면 곧 심지가 안정되지 못하고 다잡은 것이
굳건하지 않은 것이다.

― 『이정유서』권18

맹자가 말한 '야기'는 밤에서 아침까지 사람이 사물과 접촉하지 않았을 때의 청명한 기운을 뜻한다. 밤부터 아침까지 어떤 사물과도 접촉하지 않기 때문에 아무리 선하지 못한 사람도 이 시간에는 양심이 발현된다고 보았다.

정자는 낮에 공부한 게 제대로인지 아닌지는 밤에 꿈속에서 확인할 수 있다고 하였다. 맹자와 정자의 말을 종합하자면, 낮뿐만 아니라 밤에도 열심히 공부하고 꿈속에서도 그것을 이어간다면 사람으로서의 본성을 찾아 훌륭한 사람이 될 수 있다. 임상덕은 성현의 말을 되새기며 꿈속에서조차 성현의 글을 읽고 사색하며 자신의 신념을 지키고자 한 것이다.

임상덕은 어려서부터 경전과 역사서, 제자백가를 두루 섭렵하고 논변과 문장이 뛰어나 명성이 자자하였다. 어린 나이인 17세에 사마시에 합격하고 23세에 문과에 장원급제하여 명성을 떨쳤다. 25세 전에 과거시험을 모두 통과하였으며 이후 본격적으로 관직에 들어서 엘리트 코스를 밟았다. 그러나 병에 걸려 모든 관직을 그만두었으며 37세의 나이로 생을 마감하였다. 비록 30대에 세상을 떠났지만, 임상덕은 꿈속에서도 공부를 이어가며 남들보다 두 배의 인생을 살았던 것이 아닐까.

몽소기

夢所記

임상덕

옛사람은 눈을 깜빡이거나 숨 쉬거나 말하거나 침묵할 때에도 학문을 수양하지 않음이 없었다. 음식을 먹거나 의복을 입을 때에도 법도가 있지 않음이 없었다. 세숫대야나 사발, 안석이나 지팡이에도 경계할 만한 글귀를 새기지 않음이 없었다. 창이나 담이나 벽에도 가르침을 적어 두지 않음이 없었다.

누울 때에도 영혼이 없는 시신처럼 눕지 않았으며 눕는 데에도 법도가 있었다. 잠자리에서도 함부로 말을 하지 않았으며 조심히 살피는 것이 있었다. 닭이 울면 일어나고 밤이 깊으면 잠자리에 들었다. 하루 열두 시간 중에서 잠시 꿈속에 있었을 때를 제외하면, 어느 시간이든 배우지 않을 때가 없었고 무슨 일이든 배우지 못할 것이 없었다.

그래서 마음을 다잡아 사욕을 막고 본성을 함양하여 성찰함에는 안과 밖의 구분이 없고 시작과 끝의 차이가 없었다. 옛사람의 공부는 지극히 완비되었고 지극히 치밀하였다고 말할 수 있다.

맹자는 야기(夜氣)에 대한 논의를 제기하였다. 공부하는 사람이 밤중에 아침과 낮에 터득한 것을 살펴서 잃어버린 것을 보충하도록 한 것이다. 그러하니 앞에서 말한 '잠시 꿈속에 있을 때'라는 것도 쓸모없다 하여 버릴 시간이 아니다.

그 뒤 정자(程子)가 또 맹자가 미처 말하지 못한 것을 논의하였다. 정자는 "사람이 꿈을 꿀 때 낮에 함양하여 보존한 것을 증험할 수 있다. 꿈속에서 거꾸러진다면 공부하는 힘도 굳건하지 않은 것이다."라고 하였다.

아! 맹자의 말을 따르면 밤에 얻은 것을 낮에도 보존하라는 것이요, 정자의 말을 따르면 낮에 기른 것을 꿈속에서도 증험하라는 것이다. 낮에 잘 보존하면 밤에 얻는 것이 더욱 많아지고, 꿈속에서 제대로 증험하면 낮에 기른 것이 더욱 알차게 된다. 그래서 옛사람들은 잘 때나 깨어 있을 때나 꿈을 꿀 때나 꾸지 않을 때나 공부에 전력을 쏟지 않음이 없었다. 공부에 대한 옛사람의 논의는 여기에 이르러 어떠한 흠결도 없이 완벽해졌다.

『논어』에서 "심하구나, 나의 노쇠함이여! 나는 꿈속에서 주공(周公)을 다시 보지 못하게 되었으니."라고 하였다. 공자 또한 꿈꾸거나 잠이 들었을 때 공부에 대한 의지가 진보했는지 퇴보했는지, 도를 행할 기운이 노쇠한지 왕성한지를 증험한 것이 아니겠는가.

대개 꿈속에서 계기가 생겨나고 그 계기에서 생각이 생겨난다. 그런 까닭에 『주례』에 나오는 여섯 가지 꿈, 곧 육몽(六夢) 중에 세 번째가 생각이 있어서 꾸는 꿈 '사몽(思夢)'인 것이다. 마음에 망령된 생각이 없으면 꿈에 망령된 것이 나타나지 않는다. 이는 참으로 분명한 이치이다.

나는 예전에 이를 증험해본 적이 있다. 내가 거처하던 방은 세 칸으로, 침실과 서재를 두었는데 전후좌우를 모두 서적으로 채웠다. 나는 자나 깨나 밤낮으로 그 안에 있었다. 성격이 그런대로 독서를 좋아하였으며 책을 읽으면 반드시 생각을 하게 되었다. 종종 그 생각이 어지럽고 기운이 흐려지기도 하였다. 이럴 때면 눈을 감고 생각을 멈춘 채 새로운 생각이 들도록 하였다. 눈을 감고 한참 있으면 잠이 오고 잠이 들면 반드시 꿈을 꾸었다. 꿈을 꾸면서도 생각하였는데 생각해도 터득하지 못하던 것이 종종 꿈속에서 터득되는 일이 있었다. 혹 꿈에서도 터득하지 못한 것을 꿈에서 깨어난 후 다시 생각해 보면 때때로 통달한 경우가 있었다.

내가 꿈속에서 터득하는 것이 이와 같았다. 마침내 서재는 '사헌(思軒)'이라 하고 침실은 '몽소(夢所)'라 이름 붙였다. 그 뜻은 공자·맹자·정자의 말을 가지고 아침저녁으로 책상과 잠자리 사이에서 참고하며 의지하고자 한 것이다.

옛날의 이른바 달인(達人)이라는 사람은 천지를 하나의 큰 꿈으로 여기고 인생을 하나의 작은 꿈으로 여겼다. 여기에서 자기 멋대로 처신하고자 하는 마음이 생겨난다. 음란하고 나태한 병폐가 점점 서로 엉겨 붙어 고질이 된 채로 평생을 보내면서도 전혀 깨닫지 못한다.

하늘과 땅 사이에서 오직 사람의 본성이 가장 고귀하다. 만약 본성을 다하여 천명을 안다면, 저녁에 죽더라도 꿈이라고 할 수 없다. 까맣게 무식하다면 비록 팽조(彭祖)처럼 장수한다 하더라도 그 사이가 모두 꿈일 뿐이다.

아, 내 나이 이제 스물여덟이다. 지나온 인생은 겨우 한 번 꾼 꿈에 지나지 않을 것이요, 앞으로 꿀 꿈 또한 까마득하게 끝이 없을 것이다. 세월은 쉬 가는 법이요 의리는 다 탐구하기 어려운 법이다. 장차 깜깜한 어둠 속에서 지내며 깨어날 때가 없이 꿈속에서 생을 마치고 말 것인가.

인생에서 꿈꾸는 시간이 몇 년이나 될 것이며, 꿈에서 깨어난 뒤 또 몇 년이나 남을 것인가. 반은 깨어 있고 반은 꿈을 꾸면서 있는 듯 없는 듯 지낸다면, 끝내 탁 트인 큰 깨달음을 얻을 때가 없을 것이다. 이렇게 되면 끝장이로다!

옛말에 "지인(至人)은 꿈을 꾸지 않는다."라고 하였다. 『서경』에는 "꿈에 상제(上帝)께서 나를 보필할 뛰어난 인재를 내려주셨다."라고 하였고, 또 "짐의 꿈은 짐이 점친 것과 맞아떨어졌다."라고 하였다.

꿈을 꾸지 않는 사람은 생각을 하지 않는 것이고 꿈을 꾸는 사람은 생각이 통하는 것이다. 생각하지 않고도 생각이 통하는 것은 또한 오직 진실함뿐이다. 이에 내가 느끼는 것이 있어서 글로 써서 몽소의 기문으로 삼는다.

－『노촌집』 권3

벗에게 물들다

남유상의 우당(友堂)

남유상

___

저 새를 보아도 오히려 벗을 찾으려고 지저귄다. 하물며 사람이 벗을 찾지 않아서야 되겠는가. 성격이 수수하고 조용한 걸 좋아하는 벗과 하루 종일 지내도 물과 같이 담박하였다.

친구는 제2의 나

사춘기가 되면 급격한 신체적 변화를 겪는다. 뇌도 예외가 아니어서 일종의 리셋이 된다고 한다. 뇌 속에서 부모는 점점 밀려나고 그 자리를 친구가 차지한다. 부모 얘기는 안 들어도 친구 얘기는 듣는다. 가족에게

서 차츰 벗어나 친구를 통해 사회로 나아가는 것이다. 이는 지극히 자연스러운 사회화의 과정이다.

연암 박지원은 친구를 두고 '피를 나누지 않은 형제'라고 하지 않았던가. 젊은 시절 친구는 소중한 존재이다. 서양의 선교사 마테오 리치는 친구를 두고 '타인이 아니라 나의 반쪽, 제2의 나'라고 하였다. 친구와 우정을 나누는 것은 '교우이신(交友以信)'이라 하여 유교의 최고 덕목인 오륜에도 들어있다. 공자의 제자 증자는 '이우보인(以友輔仁)'이라 하여 벗을 통해 자신의 인덕을 보강할 수 있다고 하였다.

예나 지금이나 부모에게 말하지 못하는 고민을 친구 사이에 얘기할 수 있다. 친구들끼리 서로 가르쳐주고 배우면서 서로를 성장시켜 준다. 친구가 혹 잘못된 길로 빠지면 자기 일처럼 안타까워하며 바른길로 이끌어 준다.

학교 다닐 때 친구가 진짜 친구고 이 친구는 평생 간다고 한다. 초등학교 때부터 많은 친구를 만나고 노년에 들어서도 새로운 친구를 사귄다. 그런데 왜 유독 학교 다닐 때 친구가 기억에 남고 오래가는 것일까.

대학 시절 친구와 밤을 새워 인생과 문학을 논했던 기억이 난다. 지금도 그 친구를 만나면 진심을 다해 즐겁게 이야기를 나눈다. 반면에 직장에서 만나 가깝게 지내는 친구와는 그렇게 되기가 쉽지 않다. 간혹 저녁 모임이 있더라도 그저 적당히 의무감에서 자리를 지키고 이야기를 나눌 뿐이다.

서른 즈음 사회에 진출한 이후로는 소위 명리(名利)를 벗어나 사람을 사귀는 게 쉽지 않다. 사회에서 맺은 인간관계는 대개 일로 엮인 경우가 많다. 승진이나 성과를 내는 데에 유리한 사람과 가깝게 지내기 마련이다. 그래서 젊은 날에 사귄 친구가 더 소중하고 그리운 것이 아니겠는가.

남유상과 우당(友堂)

남유상(南有常, 1696-1728)은 숙종 때 대제학을 지낸 남용익의 증손으로, 동생 남유용과 함께 문장으로 이름이 났었다. 남유상은 18세에 진사시에 합격하였고 한창 친구들을 사귀며 공부에 매진하였다.

남유상은 20세에 자신의 서재에 '우당(友堂)'이라는 이름 붙이고 「우당기」를 지었다. '우당'이라는 재호는 '익우(益友)를 찾는다'라는 의미에서 붙인 것이다. '익우(益友)'는 나에게 도움이 되는 벗을 말한다. 반대로 '손우(損友)'라고 하여 사귀어봐야 손해가 되는 벗도 있다.

공자는 익우와 손우 각각 세 가지를 이야기하였다. 익우는 정직한 벗, 성실한 벗, 견문이 넓어 박학다식한 벗이다. 반대로 손우는 성격이 모난 벗, 남에게 굽실거리며 비위를 맞추는 벗, 빈말을 늘어놓는 벗이다.

당연히 남유상은 익우를 사귀고 싶었다. 그는 그저 겉만 꾸미고 비위를 맞추며 영합하려는 친구를 멀리하였다. 또 함부로 대하고 심하게 장난을 쳐서 원수처럼 소원해지는 친구도 싫어하였다. 그 대신에 세속의 명성과 이익 따위에 연연하지 않고 벗과 함께 글을 읽고 학문을 토론하고 싶었다. 남유상은 소박하지만 나만의 공간에서 내가 좋아하는 것을 즐기며, 그것을 함께 할 수 있는 진정한 벗을 갈구했던 것이다.

그러나 남유상은 33세의 젊은 나이에 요절하고 말았다. 남유상이 사귀었던 친구들을 보면 민우수 · 이천보 · 오원 등이다. 남유상도 그러하거니와 친구들 역시 문장가로 이름을 떨쳤던 인물들이다.

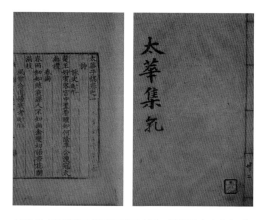

남유상, 『태화자고』(국립중앙도서관 · 한중연장서각 소장)

남유상은 이들과 깊은 우정을 나눈 듯하다. 동생 남유용이 남유상의 문집을 편집·간행할 때, 친구들이 많은 도움을 주었다. 더욱이 친구들은 남유상의 문집인 『태화자고(太華子稿)』에 모두 서문을 써 주었다. 남유상이 20세 때 친구의 소중함을 절감하고 자신의 당호를 '우당'이라 지은 대로, 남유상과 친구들은 서로에게 익우였던 것이다.

우당기

友堂記

남유상

　재호를 '우당(友堂)'이라 이름 붙인 것은 나에게 도움이 되는 친구를 찾기 위해서이다. 옛날에 군자는 친구와 사귈 때 반드시 나에게 도움이 되는 친구를 택하여 그에게 좋은 점이 있으면 본받았다. 또한 친구가 자신의 잘못을 충고해 주면 바람과 우레처럼 재빠르게 고쳤다. 그러므로 증자(曾子)는 "벗을 통해 인덕(仁德)을 보강한다."라고 하였다. 이렇듯 우도(友道)는 위대한 것이다.

　지금 세상에는 이렇게 하지 못하는 경우가 있다. 겉을 꾸며서 상대방의 비위를 맞추고 실속 없는 이야기를 늘어놓으며 영합하려고 한다. 함부로 대하고 심하게 장난을 치며 자주 잘못을 지적하여 사이가 소원해지기도 한다. 소원해지는 데에 그치지 않고 심지어 원망하는 지경에 이르기도 한다.

　마치 아교로 붙이고 옻으로 칠한 것처럼 친밀했던 사이가 얼음과 숯처럼 원수지간이 된다. 지초와 난초처럼 고상했던 사이가 가시나무처럼 험악한 사이가 된다.

　나는 이처럼 내 자신에게도 무익하고 친구에게도 손해를 끼치는 게 있음을 보았다. 나는 이를 두려워하여 무익의 근원을 예방하고 실수에서 나를 구원하고자 하였다.

　그런 까닭에 내가 평소 거처하는 방은 그저 비바람만 막으면 그것으로 족하다. 높다랗게 난간을 두르고 방에 술병과 술잔, 거문고와 바둑을 두고는 술에 취하여 잡기를 즐기는 곳이 아니다. 그저 도서 수천 권을 둘 뿐이다. 세상에서 호걸지사로 불리며 술도 잘 마시고 바둑도 잘 두며 담소를 잘하는 자가 만약 내 방에 들어온다면, 참으로 심심해하며 즐길 게 없을 것이다. 또 답답해하며 오래 머물지 못할 것이다.

　다만 성격이 수수하고 조용한 것을 좋아하는 이가 내 방에 들어올 수 있다면, 흔연히 기뻐하며 각자 좋아하는 것을 할 수 있으리라. 내 책을 꺼내 읽고 토론을 주고받으면서 오랫동안 글의 의미를 음미하며 학문의 진리에 침잠한다. 종일토록 함께 지내도 담박하기가 물과 같을 것이다. 이렇게 한다면 친구가 서로 오만하게 대하고 심하게 장난질하는 것은 절로 생겨날 일이 없다. 이것이 내가 매우 즐기는 것이요 또 늘 즐길 수 있는 것이다.

　『시경』에 이르기를 "저 새를 보아도 오히려 벗을 찾으려고 지저귄다. 하물며 사람이 벗을 찾지 않으랴!"라고 하였다. 재호를 '우당'이라 이름 붙인 것은 여기에서 의미를 취한 것이다.

　긴 베개와 큰 이불을 만들어서 화락하고도 즐겁게 지내는 것은 형제간의 우애이다. 그러나 형제간의 우애는 남들이 혹 권면하지 않아도 잘한다. 다만 친구 간에는 우도를 극진히 하는 경우가 거의 없다. 이에 기문을 지어 스스로 경계하는 한편 여러 군자를 권면한다.

– 『태화자고』 권4

삶에 무게를 더하다

강이천의 중암(重菴)

강이천

————

　나는 어렸을 때 경솔하고 제멋대로 하는 흠이 있었다. 이에 스스로를 아주 통렬하게 반성하고자 서재에 '중(重)'자를 내걸고 밤낮으로 보며 스스로를 경계하고자 한다.

성격이 운명이다

　성격 유형 검사 MBTI가 요즘 젊은 세대 사이에 유행이다. MBTI는 개인의 선호나 태도, 사고방식이나 행동 양식에 따라 사람의 성격을 16개 유형으로 나눈 것이다.

성격 유형하면 기성세대들은 혈액형을 먼저 떠올린다. A형은 소심하다거나 O형은 열정적이다거나 하는 것 말이다. 사실 혈액형과 성격 간의 연관성은 과학적으로 검증된 것이 전혀 없다. 다양한 인간의 성격을 네 가지 기준으로 단순화한다는 것이 상식적으로도 이해가 되지 않는다.

MBTI도 학술적으로는 비판의 여지가 많다. 그러나 심리학에서 많이 사용되고 있으며 16개 유형으로 혈액형보다는 훨씬 다양하다. 또 전 세계의 광범위한 통계에 기반을 하고 있어서 보다 신뢰하는 것 같다. 그래서 요즘 사람들은 만나면 먼저 서로의 MBTI를 확인하곤 한다. 심지어 직업 적합성을 따질 때도 MBTI가 활용되기도 한다. 그만큼 성격이 인간의 삶에서 대단히 중요하다는 것을 시사해 준다.

서양 속담에 "성격은 운명이다."라는 말이 있다. 이 속담은 사람의 성격이 그가 겪는 삶의 여정과 결과에 많은 영향을 미친다는 점을 강조한 것이다. 성격 때문에 같은 문제가 계속 발생하면 고쳐야지 하면서도 잘 안 된다. 성격을 바꾸기란 여간 어려운 것이 아니다. 마치 타고난 유전자처럼 말이다.

가끔 우스갯소리로 "죽을 때가 되었나, 사람이 바뀌었어!"라는 말을 듣는다. 거의 죽을 뻔한 일을 경험하지 않고서는 사람의 성격이 거의 바뀌지 않는구나 하는 생각이 든다. 죽을 정도로 큰 병을 앓거나 감당하기 어려울 정도의 시련을 겪으면, 자신의 삶에 대해 통렬하게 반성하고 각성하는 경우가 있다. 이럴 때 흡사 다른 사람으로 다시 태어난 것처럼 사람의 성격이 바뀌기도 한다.

위인들을 보면, 자기 성격의 장점을 극대화하고 단점을 보완한 경우가 많다. 사실 단점을 제거하기란 여간 어려운 것이 아니다. 그저 단점을 인정하고 직시하며 끊임없는 자기 성찰과 수련을 통해 단점이 커지지 않게 할 뿐이다.

강이천과 중암(重菴)

강이천(姜彝天, 1769-1801)은 조선 후기 남인 명문가 중의 하나인 진주 강씨 가문 출신이다. 시서화 삼절의 대표인 강세황의 손자이다. 어렸을 때부터 영특하였으며 여섯 살에 이용휴·임희성 등 당대 석학의 문하에서 공부하였다.

강이천은 여느 사대부 집안의 자제들과 마찬가지로 어려서부터 경전과 역사서를 읽고 관직에 나가기 위해 열심히 과거시험 공부를 하였다. 10대에 이미 정조 임금으로부터 '참된 학사가 될 재목'이라는 칭찬을 받을 정도로 장래가 촉망되는 젊은이였다. 18세에 사마시에 합격하여 성균관에 입학했고 성균관에서도 성적이 뛰어났다. 몇몇 유생들과 함께 선발되어 정조 임금 앞에서 『논어』를 강론하기도 하였다.

그러나 당시 신세대 젊은이답게 지적 호기심이 강해서 유학 이외의 제자백가나 서학(곧 천주교) 등에 관심을 가졌다. 또한 전아한 고문(古文)보다는 당시 유행하던 소품문(小品文)을 좋아하였다. 단순히 비교하면 고문은 클래식, 소품문은 팝송이라 할 수 있다. 신세대 젊은이들에게 고문은 따분한 반면에 소품문은 신선하게 다가왔을 것이다.

그러나 25세 때 정조로부터 소품체 문인으로 지목을 받으면서 잘나가던 인생에 제동이 걸렸다. 속된말로 국왕인 정조에게 찍힌 것이다. 정조는 젊은 유생들의 문체가 순정하지 못하다고 비판하며, 소품문을 고문으로 되돌리는 문체반정 정책을 추진하였다. 정조는 강이천을 비롯한 성균관의 젊은 유생들에게 반성문을 쓰게 하고는 다시는 소품문을 짓지 마라 명하였다.

강이천, 『중암고』(규장각한국학연구원 소장)

강이천이 재호를 '중암(重菴)'이라 이름 붙인 것은 바로 이즈음이다. '중(重)'는 '무겁다'라는 뜻으로 '경(輕, 가볍다·경솔하다)'의 반대말이다. 어렸을 때부터 경솔한 성격으로 제멋대로 행동한 것을 통렬하게 반성하고, 앞으로 신중하고 진지한 성격으로 바꾸겠다는 의지를 담아내었다. 그러면서 다음과 같은 공자의 말씀을 마음에 새겼다.

군자가 중후하지 않으면 위엄이 없으니 학문도 견고하지 못하다.

－『논어』「학이」

강이천은 재호를 '중암'이라 짓고 성인의 길, 군자의 길을 가고자 다짐하였다. 그것의 출발점은 마음과 행실을 중후하게 가다듬는 것이다. 그래야 의지가 굳건해지고 학문도 단단해 진다. 강이천은 중후한 마음 자세로 언행을 단속하며 진지하게 공부에 열중하였다. 27세인 1795년(정조 19)에 정시 초시에 합격하는 기쁨을 누렸다.

그러나 강이천은 29세인 1797년(정조 21)에 각종 유언비어로 민심을 혼란시켰다는 죄목으로 제주도에 유배되었다. 그 후 1801년(순조 1) 신유사옥 때 33세의 젊은 나이로 옥사하였다. 강이천은 당시 혼란한 정치 상황에서 억울하게 죽임을 당했다. 그러나 그가 지목된 것은 그의 경솔한 성격 때문이기도 하였다. 성격은 하루아침에 바뀌지 않는다. 통렬한 반성에 그쳐서는 안 되며 철저하고 꾸준히 실천해야 한다.

중암기

重菴記

강이천

나는 어렸을 때 경솔하고 제멋대로 하는 흠이 있었다. 이에 스스로를 아주 통렬하게 반성하고자 서재에 '중(重)'자를 내걸고 밤낮으로 보며 스스로를 경계하고자 한다.

모든 장인들은 곡직(曲直)을 자세히 살피는 데에 일의 성패가 달려 있다. 군자의 도는 열심히 배우고 익히는 데에서 성취가 이루어진다.

공자는 "나는 선왕의 법도에 맞는 옷이 아니면 감히 입지 않으며, 선왕의 법도에 맞는 말이 아니면 감히 말하지 않는다."라고 하였다. 상고시대의 성군인 요순(堯舜)과 삼왕(三王, 우·탕·문무) 그리고 여러 성인의 도가 책에 펼쳐져 있다. 성군의 기강과 반듯함은 어지럽힐 수 없다.

학문은 의지가 굳건하지 않으면 지극한 경지에 도달할 수 없다. 의지가 굳건하지 않으면 독실하게 지켜내지 못하여 지혜가 더욱 어두워진다. 하는 일에 의지가 굳건하지 않으면 단단하게 지켜내지 못하여 쉽게 사특한 짓에 빠지게 된다. 이야말로 모두 스스로를 되돌아본 이후에야 도에 이를 수 있는 것이다.

『주역』에 이르기를 "세상을 피해 숨어 살면서도 근심이 없고, 남의 인정을 받지 못해도 근심이 없다."라 하였다. 『중용』에는 또한 "선이 무엇인지를 알아서 이를 선택하여 굳게 지킨다."라 하였다. 이는 모두 의지의 굳건함을 말한 것이다.

성인은 사람이 도달한 최고의 경지이고 도는 성현이 남긴 것이다. 도를 따르면 성인에 귀의하고 어기면 성인을 배반하는 것이다. 도를 따르는 자는 길하며 어기는 자는 흉하다. 착한 일을 좋아하고 나쁜 것을 싫어함은 사람이라면 누구나 가지고 있는 마음이다.

그런데 하늘로부터 부여받은 본성을 회복하지 못하고 사욕을 극복하지 못한다. 따라가는 곳이 제대로 된 길이 아니고 머무르는 데가 제대로 된 곳이 아니다. 이런 까닭에 도에서 날이 갈수록 멀어지는데도 스스로 알지 못한다.

공자의 제자 안연(顔淵)은 다음과 같이 탄식하며 말했다.

우리 선생님의 도는 우러러볼수록 더욱 높고 뚫을수록 더욱 견고하다. 멀리서 바라볼 때 바로 앞에 있는 듯하더니 홀연히 뒤에 있도다. 선생님의 도가 내 앞에 우뚝 서 있는 듯하다. 따라가고자 하나 어디로부터 시작해야 할지 모르겠다.

― 『논어』 「자한」

안연은 행실이 참으로 반듯하였으며 공자로부터 친히 가르침을 받았다. 스승 공자의 도를 좋아하여 따라야 된다는 것을 알았지만, 그 경지에 도달하지 못하는 것을 스스로 안타까워하였다. 그러나 도를 좋아하는 것이 깊지 못하고 식견이 정밀하지 못하면, 끝내 안연과 같은 탄식도 있을 수 없다. 이런 까닭에 공자 역시 안연을 두고 도의 경지에 거의 도달하였다고 인정했던 것이다.

지금 성인과의 거리가 수천 년이나 떨어져 있다. 그 사이에 제자백가가 쓸데없는 혹이나 사마귀처럼 나왔으며, 이단이 기회를 타고 일어나 사람들을 현혹시켰다. 오늘날 온갖 기괴하고 쓸데없는 것들이 가지가지 뻗어 나왔다. 논리는 아주 그럴듯하지만 진리를 어지럽히는 것이 더욱 심해졌다. 말은 매우 교묘하지만 사람을 함정에 빠뜨리는 것이 더욱 쉬워졌다.

현명한 사람들은 스스로 흔들리지 않고 똑바로 서 있지만 어리석은 자들은 이것을 좇아간다. 성인의 도가 갈라지고 무너지는 것은 어찌할 수가 없다. 우리 요순과 삼왕, 여러 성인의 도가 가는 실처럼 겨우 이어져 있음을 어찌 슬퍼하지 않을 수 있겠는가.

이런 까닭에 군자는 말세에 반드시 마음을 굳건하게 해야 하며 경솔하게 흔들려서는 안 된다. 마음을 굳건하게 만든 이후에야 선을 굳게 지킬 수 있다. 선을 굳게 지친 이후에야 안정될 수 있다. 안정된 이후에야 하늘의 도에 도달할 수 있다. 이렇게 한다면 천지로부터 부여받은 것과 부모에게 물려받은 것을 온전히 지킬 수 있을 것이다.

『논어』에 이르기를 "군자가 중후하지 않으면 위엄이 없으니 학문도 견고하지 못하다"고 하였다. 학문의 도는 마음을 중후하게 하는 데서 시작한다. 그렇지 않고 능히 마음을 굳건하게 할 수 있는 자는 없다. 내가 생활하는 서재에 '중암(重菴)'이라 현판을 내걸었다. 아침저녁으로 보면서 반성하고 경계하는 것이 있기를 바란다.

- 『중암고』 책2

워라밸 인생

윤행임의 방시한재(方是閑齋)

윤행임

————

　나는 아직 서른 살도 되지 않았지만 앞으로의 많은 날들은 한가함의 멋을 즐기며 살아갈 것이다. 옛사람이 "늙기 전에 한가함을 얻어야 한다."라고 하였는데 참으로 맞는 말이다.

워라밸 - 일과 삶의 균형

　요즘 세대들은 워라밸을 추구한다. 워라밸은 'Work and Life Balance'의 줄임말로 일과 삶의 균형을 뜻한다. 일뿐만 아니라 개인의 일상생활 역시 삶에서 중요하다는 의미이다. 과거에는 일이 우선이고 일을 위해서는 개인의 생활을 희생하였다. 그러나 지금은 워라밸이 직장을 선택하는 중요한 척도 중 하나가 되었다.

우리는 미래의 삶을 위해서 현재의 삶을 희생하며 살아가는 경우가 많다. 고등학교 때는 대학에 입학할 때까지만 참고 공부해라! 대학생이 되어서는 취업할 때까지만 즐기는 것은 참아라! 취직을 하면 승진할 때까지 놀지 말고 열심히 일해라! 휴직이나 사직하고 싶으면 쉬는 것은 은퇴하고 해도 늦지 않는다!

어렸을 때는 부모님이, 성인이 되어서는 지인들이 이렇게 충고한다. 그러나 외부의 사람들뿐만 아니라 나 자신도 스스로를 이처럼 다그치며 산다. 이 모든 것은 나를 위한 거라고.

그런데 이렇게 살다가는 죽을 때까지 끝나지 않는다. 대학에 들어가고 취직을 하고 승진을 해도, 또다시 미래를 위해 현재의 삶은 저당 잡힌 채 희생을 강요받는다. 간혹 하는 일이 너무 재밌고 성과가 좋아서 일만 하는 경우도 있다. 그러나 이렇게 살다가는 얼마 못 가서 번 아웃되고 말 것이다.

언제까지 일하는 게 먼저고 여가를 즐기는 건 나중이어야 하는가. 여가가 먼저고 일하는 게 나중일 수는 없는가. 생계를 위해서 일을 멈출 수 없다면 방법은 하나밖에 없다. 열심히 일하는 것도 그리고 인생을 즐기는 것도 '바로 지금' 함께 해야 한다.

'망중한(忙中閑)'이란 말이 있다. 바쁜 가운데 잠깐 얻어낸 여유를 말한다. 바쁠 때 즐기는 여유가 더욱 맛이 있는 법이다. 일이 바쁠수록 망중한을 즐길 줄 알아야 한다.

윤행임과 방시한재(方是閒齋)

윤행임(尹行恁, 1762-1801)은 20대 후반에 자신의 서재에 '방시한재(方是閒齋)'라는 이름을 붙이고 「방시한재기」를 지었다. '방시한(方是閒)'은 '바로 지금 한가하다.' 정도의 의미이다. 한창 공부하고 일해야 할 20대에 '한가함'을 운운하다니 언뜻 이해가 되지 않는다.

윤행임은 21세라는 매우 젊은 나이에 문과에 급제하여 관직에 들어섰다. 당시 문과에 급제한 사람의 평균 나이가 약 37세였던 것을 보면, 윤행임이 대단히 빨랐음을 알 수 있다. 요즘으로 치면 대학교 재학 중에 고시를 패스한 것이다.

윤행임은 20대에 이미 예문관 검열, 규장각 대교, 승정원 주서 등을 역임하였다. 그의 또 다른 호인 '석재(碩齋)'는 정조가 직접 지어줄 정도로 임금의 총애가 대단하였다. 이처럼 20대의 윤행임은 한창 조정에서 열심히 일해야 할 시기였다.

윤행임, 『석재척독』(국립중앙도서관 소장)

그런데 윤행임은 나이가 많고 적고를 떠나 '바로 지금이 여가를 즐길 때'라고 하였다. 윤행임이 여가에 즐기는 취미는 아름다운 풍경 감상과 산책, 음주와 독서 등이다. '방시한재'에서만큼은 번잡한 공무도 잊고 자신의 존재마저 잊었다. 그저 서재 주변의 아름다운 풍경을 즐기며 고인의 글을 읽고 술을 마시며 자유롭게 지냈다. 마치 장자가 말한 '좌망(坐忘)'처럼 방에 조용히 앉아서 마음을 가라앉히고 무아의 경지에 들었다. 요즘 말로 하면 그야말로 '멍 때린 것'이다.

이렇게 하면 송나라의 문인 구양수가 60세가 넘어 은퇴하여 영주(穎州)에 사영정(思穎亭)을 짓고 여유를 즐겼던 풍모를 갖추게 된다. 나이가 20대 후반에 불과하고 한창 조정의 업무로 바쁘기 때문에 구양수처럼 은퇴를 감행하지 못하더라도 말이다.

윤행임의 재호 '방시한재'에는 일과 삶의 균형을 잘 맞추는 '워라밸'의 의미가 담겨 있다. 열심히 일하는 만큼 열심히 여가와 취미도 즐겨야 한다. 반대로 열심히 여가와 취미를 즐겨야 일도 잘하게 된다. 이런 의미에서 어느 이름 없는 시인이 지은 다음의 시구는 큰 울림을 준다.

부질없는 인생 만족할 때 기다린다면 언제 만족할 수 있을까
늙기 전에 한가함을 얻어야 비로소 한가롭게 지낼 수 있다네
浮生待足何時足   未老得閒方是閒

－『어은총화』

방시한재기

方是閒齋記

윤행임

나는 여가를 얻었을 때 즐기는 취미가 많다. 공무에서 물러나 관복을 던져두고 좌망(坐忘)에 들어 나라는 존재 자체도 잊는 듯 무심히 지낸다. 객이 찾아오면 응대하였다가 돌아가면 곧 편안히 밤을 보낸다. 동산에는 꽃나무 수십 그루가 있는데 모두 연못 가까이에 있다. 맑은 자주색 꽃과 연한 비취색 잎이 수면에 거꾸로 비치니 아련하기가 그림 같다.

이따금 지팡이를 짚고 소요하며 술을 가져오라 하여 취기가 약간 돌 정도로 마신다. 혹은 고인의 글을 읽는데 외워서 읊조릴 수 있는 것도 있다. 서너 번 읽다가 멈추면 잠들고 잠에서 깨면 다시 글을 읽는다. 그러다 보면 어느덧 구양수가 만년에 은퇴하여 영수(穎水) 가에서 여가와 취미를 즐겼던 모습을 갖추게 된다.

어떤 이가 따져 물었다.

"그대는 참으로 한가함의 멋을 알고 있구려. 그런데 아직 이를 즐길 적절한 나이는 아니지 않소이까. 누군들 한가함의 멋을 모르겠소만 적절한 시기를 만나는 것이 어려울 뿐이라오. 그대는 벼슬에 나가 조정에 출입한 지 십 년이 다 되어 갑니다. 조정에 들어가 일하는 것은 많이 보았지만 나와서 쉬고 있다는 얘기는 듣지 못하였소. 그러니 그대가 어떻게 여유를 즐긴단 말이오?"

나는 대답했다.

"어허! 그대는 달관(達觀)의 의미를 들어보지 못했소. 구중궁궐에 있으면서도 세상의 바깥을 유람하는 것은 꼭 나는 아니지만 나를 비유하는 것이라오. 지금 궁궐에서 사람들이 큰 소리로 떠들고 작은 소리로 소곤대면서 온화하고도 웃는 얼굴을 짓습니다. 그러나 내 눈은 이를 보지 않소. 사람들이 서로 맞장구치기도 하고 서로 헐뜯기도 하며 친밀하게 옷 깃을 잡아끌거나 어깨를 잡아채기도 합니다. 그러나 내 귀는 이를 듣지 않소.

사람들이 눈을 부릅뜨고 노려보면서 뻐겨대는데 마치 창을 던지고 쇠뇌를 쏘듯 합니다. 그러나 내 몸은 말라 죽은 나무 마냥 있소이다. 사람들이 마치 콸콸 흐르는 물처럼 어지럽게 물결을 밀어 올리고 거세게 물살을 쏟아냅니다. 그러나 내 마음은 황하의 거친 물결에도 굳건히 버티고 있는 지주산(砥柱山)처럼 흔들리지 않소이다. 이 어찌 망중한(忙中閑)이 아니겠소.

대개 한가한 자는 한가함을 탐내기 때문에 한가함의 멋을 스스로 모릅니다. 쉴 새 없이 바빠 봐야 비로소 한가함의 멋을 알게 됩니다. 그러나 단지 한가함의 멋만 알뿐 이를 누리지 못한다면, 예전에 바쁠 때와 다를 것이 없습니다. 나는 한가함으로 바쁨을 제어하기 때문에, 구양서처럼 영수를 그리워하는 시를 지을 필요도 없이 이미 영수로 돌아가서 지내는 즐거움을 가지게 된 것이라오.

지금 나는 아직 서른 살도 되지 않았습니다. 그러나 앞으로 살아갈 많은 날들을 모두 한가함의 멋을 즐기며 살아갈 것입니다. 옛사람이 '늙기 전에 한가함을 얻어야 한다.'라 하였는데 참으로 맞는 말이 아니겠소."

따져 묻던 이가 말하였다.

"그대는 바로 지금이 '비로소 한가해질 수 있는 때[方是閒]'입니다."

이에 나는 서재에 '방시한(方是閒)'이라는 이름을 붙였다.

－『석재고』권12

나와 마주보기

이현익의 정암(正菴)

이현익

――――

서른 이태 동안 이욕(利慾)의 단지에 빠진 까닭에 몸과 마음, 말과 행실이 모두 바르지 못한 것에서 나왔다. 이제 바르지 못함을 고쳐서 바름으로 돌아가고자 한다.

나에 대해 말할 수 있는 용기

고대 그리스의 격언에 '너 자신을 알라!'라는 말이 있다. 이 말을 떠올릴 때면, 나의 삶을 혁신하기 위해서는 자신을 정면으로 응시하고 자신에 대해 잘 아는 것이 중요하다는 생각이 든다. 우리는 대개 자기 자신을 잘 모르고 자신을 응시하기보다는 회피하려 든다. 자신에 대해 알더라도 인정하지 않으려는 속성이 있다. 더욱이 자신의 잘못이나 치부는 인정하기도 싫고 남에게 드러내기는 더더욱 싫다.

함석헌 선생의 명상집 중에 『너 자신을 혁명하라』란 책이 있다. 물론 이 책의 제목을 함석헌 선생이 붙인 것은 아니다. 다만 한 개인의 삶과 사회 전체의 변화는 결국 '나 자신을 혁명'하는 일부터 시작된다는 함석헌 선생의 지론이 잘 드러난 제목이다.

그런데 나 자신을 혁명하려면 나를 정면으로 응시하여 나의 단점을 찾아내고, 그것을 남들에게 말할 수 있는 용기가 필요하다. 철저한 자기반성과 그 결과에 대한 일종의 선언이 요구되는 것이다. 이렇게 하면 비로소 새로운 인생의 길이 열린다.

이현익과 정암(正菴)

이현익(李顯益, 1678-1717)은 1709년(숙종 35) 음력 8월 1일 32세 때, 자호를 '정암(正菴)'이라고 지었다. 32년 동안 그릇된 삶을 살았기 때문에 앞으로 바르게 살겠다는 의미에서 '정(正)'을 자호로 삼았던 것이다. 그리고는 '정암'이란 자호를 사람들이 잘 보게 내걸고, 일종의 반성 겸 다짐의 의미에서 「정암기」라는 글을 지었다.

「정암기」는 "서른 이태 동안 바르게 살지 못했기 때문에 이제 바른길로 돌아가고자 한다."로 시작해서, "지금까지의 구차하고 더러우며 바르지 못한 습관을 말끔히 씻어내고 고명하고 즐거우며 바른 곳으로 나아가야 한다. 이것은 바로 오늘부터 시작되리라!"로 끝난다. 자신의 지난날을 통렬하게 반성하고 새로운 삶을 결연하게 선언한 것이다.

그런데 이현익의 생애를 살펴보면, 32세까지 그렇게 잘못 산 것 같지 않다. 이현익은 조선시대 여느 문인처럼 성현의 글을 열심히 공부하였고 31세에 생원시에 장원급제하였다. 그리고 2년 뒤인 33세 때 목릉 참봉이 되어 관직 생활을 시작하였다. 이현익이 재호를 '정암'이라 지은 것은 본격적인 관직 생활을 앞둔 인생의 전환점이었다.

그런데 이현익은 어렸을 때부터 벼슬보다는 학문에 뜻을 두었다. 과거시험에 응시하고 벼슬에 나간 것은 아버지 명에 따른 것이었다. 『효경』에 보면 부모님으로부터 물려받은 신체를 훼손하지 않는 것이 효의 시작이고, 입신양명하여 부모님을 드러내는 것이 효의 마무리라고 하였다. 예나 지금이나 자식이 잘되는 것이 부모님에게는 가장 큰 효이다. 잘된다는 것은 당연히 사회적 지위와 명성을 얻는 것이며 그 길은 관직에 나가 출세하는 것이다.

그러나 이현익은 출세에 뜻이 없었다. 재호를 '정암'이라고 선언했던 32세 때에, 이현익은 익위사 세마에 1순위로 추천되었다는 소식을 듣고 크게 걱정하였다. 익위사 세마는 비록 낮은 관직이지만, 세자를 가까이에서 모시는 것이었기 때문에 권력의 최측근이 될 수 있는 자리이기도 하였다. 결국 이현익은 임금의 낙점을 받지 못하였는데, 실망하기는커녕 학문을 그만두지 않아도 된다고 기뻐했다고 한다.

32세의 이현익은 벼슬길로 나갈 것인지, 학문에 전념할 것인지 기로에 서 있었던 것이다. 또한 벼슬길에 나가서도 세속의 명성과 이익 따위에 흔들림 없이 학문적 신념을 바르게 지켜나갈 수 있을 것인지 불안하였다. 이현익이 재호를 '정암'이라 한 것은 이러한 고민 끝에 나온 일종의 선언이었던 것이다.

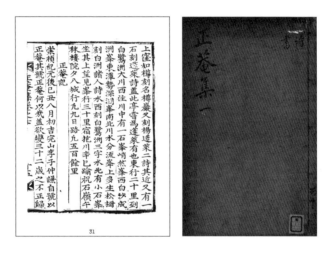

이현익, 『정암집』(국립중앙도서관 소장)

그럼 이현익에게 학문의 바른길은 무엇이었을까? 그 핵심은 '마음공부'였다. 마음을 바르게 하는 것은 성리학에서 추구한 학문의 최종 목표이다. 성리학에서 마음공부의 핵심은 자사의 '존덕성(尊德性)', 맹자의 '존심양성(存心養性)', 정자와 주자의 '거경공부(居敬工夫)'에 있다.

존덕성과 존심양성은 타고난 본성을 잘 보존하고 기르는 것을 말한다. 거경공부는 몸과 마음을 늘 신중하게 하여 바르게 유지하는 것을 말한다. 성리학에서는 이러한 마음공부를 통해 누구나 성인이 될 수 있다고 하였다. 이것이 바로 이현익이 가고자 한 '바른길'이었다.

이현익은 당대의 석학이었던 김창협의 문하에서 공부하며 스승으로부터 인정받았다. 김창협은 이현익을 두고 "그의 말 중에 내 뜻과 합치되지 않은 부분은 거의 없었다. 간혹 내가 의견을 굽히고 그를 따랐다."라고 말할 정도였다.

이현익은 학문이 높아 영조의 사부를 지냈으며 조선 후기 경학사에서 적지 않은 업적을 남겼다. 32세 때 재호를 '정암'이라 짓고 자신이 다짐하였던 대로 끊임없이 공부하고 실천한 결과라 할 것이다.

정암기

正菴記

이현익

숭정 기원후 기축년(1709, 숙종 35) 음력 8월 초하루에 완산 이중겸
(李仲謙, 이현익)은 '정암(正菴)'을 자호로 삼는다. 호를 '정암'이라 한 이
유는 무엇인가? 서른 이태 동안 바르게 살지 못했으므로 이제 바른길로
돌아가고자 하기 때문이다.

사람이 학문을 잘하지 못하는 것은 물욕(物欲)이 방해하기 때문이다.
세간의 허다한 물욕이 온통 내 몸에 붙어 있다. 그런데 나는 성품이 나약
하여 맹렬하게 공부해서 이를 다스리지 못한다. 그리하여 서른 이태 동
안 이욕(利慾)의 단지에 빠져서 몸과 마음, 말과 행실, 안과 밖, 근본과 말
단이 모두 바르지 못한 것에서 나오고 말았다.

바르지 못한 것을 헤아려 보면 일곱 가지나 된다. 의지가 바르지 못하
고, 식견이 바르지 못하고, 품은 뜻이 바르지 못하고, 마음이 바르지 못
하고, 몸이 바르지 못하고, 행실이 바르지 못하고, 말이 바르지 못하다.
이 일곱 가지 중에서 가장 절실한 것은 오직 품은 뜻이다. 나의 모든 병
폐 역시 뜻이 바르지 못한 데서 나온 것이다.

뜻을 바르게 하려면 당연히 나는 남보다 백번 천번 열심히 공부해야
한다. 그런데 뜻이 바르지 못한 것은 마치 여색을 좋아하고 재물을 좋아

하며 명예를 좋아하는 것과 같다. 이야말로 내가 도에 들어가지 못하게 하는 것들이다. 따라서 반드시 정밀하게 살펴서 이것들을 힘써 제거한 후에야 도에 들어감을 기대해 볼 수 있을 것이다.

그러나 이것들은 지혜가 없으면 정밀하게 살필 수 없고 용기가 없으면 힘써 제거할 수 없다. 지혜는 식견에서 나오고 용기는 의지에서 나온다. 나는 의지가 바르지 못하고 식견이 바르지 못하다. 그러므로 나는 먼저 의지와 식견을 더욱 바르게 해야 한다.

그리고 사람 몸의 주인은 바로 마음이다. 마음이 바르지 못하면 모든 것들은 모두 공허한 것이 되고 만다. 뜻이든 의지든 식견이든, 이 모든 것 역시 마음속에 있는 것이다. 그러므로 마음을 더욱 바르게 하지 않을 수 없다.

자사가 말한 '덕성을 높임[尊德性]', 맹자가 말한 '마음을 보존하여 본성을 기름[存心養性]', 정자와 주자가 말한 '거경공부(居敬工夫)' 등은 모두 이를 두고 한 말이다.

지금 마음을 근본으로 삼고 뜻을 핵심으로 삼으며 의지와 식견을 입문으로 삼아야 한다. 여기에 공력을 쏟아 날마다 끊임없이 노력한다면, 몸은 절로 바르게 되고 말과 행실은 모두 바른 것에서 나오게 될 것이다. 만약 이렇게 한다면 성인이 되는 데에 무슨 어려움이 있겠는가.

그러나 내가 만일 바르게 될 수 있다고 혼자 말만 하고 실질을 힘쓰지 않는다면, 이 '정(正)'이라는 글자는 나 자신을 속이고 남을 속이는 것이 되고 만다. 또 '정암'이라는 호를 세우는 것 역시 남들에게 과시하려는 행위로 귀결될 뿐이다. 이렇게 된다면 더욱 바르지 못한 것이니 어디에서 바르게 될 수 있겠는가.

지금까지의 구차하고 더러우며 바르지 못한 습관을 말끔히 씻어내야 한다. 그리고 고명하고 즐거우며 바른 곳으로 나가야 한다. 이것은 바로 오늘부터 시작되리라!

바로 이날 나 이자(李子)가 쓰다.

– 『정암집』 권7

사람 몸의 주인은 바로 마음이다. 마음이 바르지 못하면

모든 것들은 모두 공허한 것이 되고 만다. 뜻이든 의지든 식견이든,

이 모든 것 역시 마음속에 있는 것이다.

그러므로 마음을 더욱 바르게 하지 않을 수 없다.

제3부

치유와
채움의 공간

때론 정신 승리가 답

목만중의 여와(餘窩)

목만중

―――

 지금 우리 집은 아주 좁은 것이 사실이다. 그러나 여유가 있는 자의 입장에서 보면 몸뚱이 하나 이외에는 모두 나에게 남은 땅이요, 백 년을 산 뒤라도 나에게 남은 날이 있는 것이다.

모든 것은 마음먹기에 달려 있다

 요즘 세대들은 결혼하여 가정을 꾸리고 아이를 낳아 기르는 게 너무나 힘들다. 여러 가지 원인이 있겠지만 부동산 가격의 상승과 교육비의 증가도 중요한 이유이다. 소위 금수저나 부모 찬스가 아니면 집을 사기도 결혼하기도 힘든 시대이다.

뉴스에 자주 등장하는 '영끌'이란 말이 이런 세태를 잘 반영한다. '영끌'은 '영혼까지 끌어모으다.'라는 신조어인데, 내 집 마련을 위해 모든 것을 탈탈 털고 은행 대출을 최대치까지 받은 것을 말한다. 이렇게 '영끌'해서 내 집을 마련했다 해도 평생 은행 대출을 갚으며 살아야 한다.

그런데 경제적으로 더욱 어려워져서 집을 팔고 도심에서 외곽으로, 큰 집에서 작은 집으로 밀려나는 경우가 허다하다. 식구라도 여럿 달려 있으면 여간 고통스러운 것이 아니다. 생계도 나빠졌지만 가족들이 받는 정신적 충격도 이만저만이 아니다. 특히 가장은 더욱 심한 박탈감과 무력감을 느끼게 된다. 신세를 한탄하거나 사회를 불평한다고 해결될 것은 없다. 외부적 환경을 잣대로 하여 예전과 지금을, 나와 남들을 비교하기 시작하면 더욱 우울해질 뿐이다.

모든 것은 마음먹기에 달려 있다고 하지 않았나. 이 시련이 오히려 가족 간의 정을 더 끈끈하게 만들어 줄 수 있다. 가정의 행복은 결코 집의 크기나 값에 비례하는 것이 아니다. 집은 가족 간에 정을 나누고 서로의 안식처가 될 때 진정한 가치가 있는 것이다. 큰 집에 살면서 각자 방에 들어앉아 데면데면 지낸다면 집으로서 무슨 의미가 있겠는가.

오히려 좁은 집에 살다 보면 가족 간에 자주 접촉하고 어려움을 함께 이야기하며 서로를 더 잘 이해하고 공감하게 된다. 비록 어렵겠지만 조급해하지 말고 마음의 여유를 가질 필요가 있다. 가족이 함께 소통하면서 지나온 삶을 되돌아보고 미래를 새롭게 설계하여 다 같이 손잡고 천천히 앞을 향해 나아가면 된다.

목만중과 여와(餘窩)

목만중(睦萬中, 1727-1810)은 21세에 생원시에 합격하였으며 33세에 문과에 급제하여 본격적으로 관직에 들어섰다. 문과에 급제하기 전인 20대 후반에서 30대 초반까지는 여러 번 이사를 다니며 힘들게 살았다.

목만중은 조선 후기 남인 명문가 중 하나인 사천 목 씨 집안이었다. 그리하여 그는 집안 대대로 서울의 청파(靑坡, 지금의 서울 용산구 청파동)에서 남부럽지 않게 살았다. 그런데 28세 때 어머니를 여의고 30세 때에 부친상을 당하였다. 31세에 금릉(金陵, 지금의 경기도 김포) 원당리에 터를 잡을 때까지 청파를 떠나 분진(分津, 지금의 경기도 통진) 등지로 4년 동안 일곱 번이나 이사를 하였다. 목만중 본인은 물론 가족들 모두 힘든 나날이었다.

청파나 분진에 살 때와 비교해 보면 금릉에서의 생활은 더욱 비참하였다. 금릉은 땅도 척박하고 촌스러운 시골이었다. 더욱이 새 집은 냉골에 하루하루 생계를 유지하기도 힘든 지경이었다. 집도 작은 데다가 방에는 그을음이 마치 처마에 매달려 있는 고드름마냥 까맣게 내려왔다.

이런 곳에 살 수밖에 없는 가족들의 표정은 어둡기만 하였다. 목만중은 외부적인 환경이 중요한 것이 아니며 마음의 여유를 갖자고 가족들을 위로하였다. 이는 자기 자신에게 하는 위로와 다짐이기도 하였다. 자신은 문과에 합격하지도 못하고 집안 사정은 날로 악화되었다. 사회적 입지와 경제적 여건이 계속해서 중심부에서 밀려나는 상황이었다.

그리하여 목만중은 이사 온 집에 '여와(餘窩)'라는 이름을 붙였다. '여(餘)'라는 이름은 『장자』에서 가져온 것인데, 자기에게 닥친 시운을 편안히 여기고 순순히 받아들이겠다는 의미이다. 곧 '여와'에는 현재의 불우한 처지에 좌절하거나 분개하지 않고, 이를 운명으로 받아들이며 마음에 여유를 찾자는 다짐이 담겨 있다.

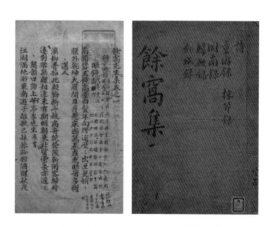

목만중, 『여와집』(국립중앙도서관 소장)

「여와기」를 보면 재호에 대한 설명은 최소화하고 여와에 살게 된 내력을 차분히 서술하거나 사는 집의 모습을 묘사하는 방식을 택하였다. 또한 글의 대부분은 목만중이 가족들을 위로하고 설득하는 말로 채워져 있다. 궁핍은 가족들의 눈앞에 닥친 절박한 문제였으며 이는 결코 이성적 · 논리적으로 해결될 문제가 아니었기 때문이다.

그리하여 목만중은 스스로에게 '여유를 갖자!', 가족들에게도 '여유를 갖자!'라고 호소하며 공감하기를 바랐다. 날로 악화되는 상황을 불평한다고 해결될 것은 없었다. 가족들이 모두 마음에 여유를 갖고 서로 보듬어야 현재의 궁핍함을 견디고 극복할 수 있기 때문이었다.

여와기

餘窩記

목만중

  정축년(1757, 영조 33) 봄에 나는 비로소 식구들을 이끌고 동쪽으로 왔다. 4년 동안 일곱 번이나 이사를 한 것이다. 마지막에는 이웃집 울타리의 둔덕에 있는 빈 집을 구했는데 세 칸짜리였다. 벽을 둘러서 방을 만들고 그것을 쪼개어 회랑을 만들고 거기에 덧붙여 부엌을 만들었다.

  고개를 숙이고 방으로 들어가 쪼그려 앉았다. 고개를 들어 보면 그을음이 아래로 흘렀는데, 마치 겨울철 처마에 고드름이 매달려 있는 것 같았다. 식구들의 얼굴에는 모두 내키지 않는 기색이 역력하였다.

  나는 식구들의 기분을 풀어주려고 말하였다.

  "여유라는 것을 아는가? 내부에서 찾고 외부에서 찾지 않는 것이 여유라오. 자신에게 만족하고 남에게 바라지 않는 것이 여유라오. 여유가 여유되는 이치를 안다면 항상 여유가 있소이다. 그렇지 않다면 늘 부족한 법이라오.

  지금 세상은 지극히 넓으며 천년은 대단히 긴 시간이오. 부족하다고 하는 자의 입장에서 보면, 불안하고 위축되어 갈 곳이 없으며 하루도 여유가 없소이다. 그러나 여유가 있는 자의 입장에서 보면, 몸뚱이 하나 이외에는 모두 나에게 남는 땅이요, 백 년을 산 뒤라도 나에게 남은 날이 있는 것이외다.

지금 우리 집은 좁은 것이 사실이오. 그러나 안으로 들어가 보면 안석과 벼루, 상자가 앞에 놓여 있소. 마당으로 나가보면 오이 넝쿨과 박 잎이 담장 틈을 타고 펼쳐져 있소. 이것들은 모두 우리가 이 집에서 지내면서 가지는 여유가 된다오. 내 어찌 터가 좁고 시렁이 협소하다고 하겠소이까.

옛날 우리 집안은 대대로 청파(靑坡, 지금의 서울 용산구 청파동)에 살았다오. 집은 크고 편안하였으며 나가보면 놀기 좋은 곳이 많았다오. 이윽고 분진(分津, 지금의 경기도 통진)으로 가서 객지살이를 하였는데 분진은 외숙이 사는 곳이었다오.

분진은 서울과는 거리가 백 리밖에 안 되는 가까운 곳이었다오. 원림(園林)이 많고 객관의 잔치가 고을에서도 유명하였다오. 고을의 많은 사대부들이 자주 찾아오기 좋은 곳이었답니다. 그래서 매년 꽃피는 봄이나 단풍드는 가을이 되면, 술과 안주를 들고서 손님을 초대하여 즐겼다오. 그러나 나는 오히려 그곳이 궁벽하다 여겼으며 하루도 머물고 싶지 않았소이다.

세월이 흐르고 세태가 바뀌자 꽃과 나무도 황량해지고 화려하던 집들도 산언덕에 묻혀버렸다오. 그리고 우리 역시 금릉(金陵, 지금의 경기도 김포)으로 집을 옮겼소. 금릉은 땅이 척박하고 풍속이 촌스러우며 백성들의 살림이 넉넉하지 못하였소. 비록 좀 사는 집이라 할지라도 원림이

나 객관을 두어 즐기는 일은 없었소이다. 풍년에도 세시의 여유를 즐기는 게 없었다오. 더욱이 우리 집은 불도 제대로 못 때서 방바닥이 냉골이라 하루하루 살기도 어려웠다오.

그러나 돌아보면 마음은 날마다 편안하였고 기분은 울적하지 않았소이다. '시운을 편안히 여기고 순순히 처한다.[安時處順]'라는 도리를 감히 말할 필요도 없이, 분수를 따르니 넉넉하게 여유가 생겼소이다. 그리하여 보잘것없는 나물국을 먹어도 늘 넉넉히 배가 불렀고, 경서와 역사서를 담론하는데 늘 넉넉한 맛이 있었답니다. 형제나 처자식과 자주 만나지 못해도 넉넉한 즐거움이 있었다오. 옛말에 '하루도 부족하지 않으니 한 해에 남음이 있다.'라고 하였는데 이와 가까울 것이외다.

잘 지켜서 내가 일생을 제대로 마치게 할 수 있는 것은 오직 '여(餘)'뿐이외다. 내 이곳을 떠나 동쪽이나 서쪽으로 가든, 남쪽이나 북쪽으로 가든, 관직에 나아가 도성으로 가든, 물러나 강호로 가든, 나는 앞으로 내 집에는 꼭 '여와(餘窩)'라는 이름을 붙일 것이라오."

- 『여와집』 권13

이 또한 지나가리라

채제공의 정치와(靜治窩)

채제공

———

  권세를 부리는 간신이 정의를 해치고 있으니 벼슬자리의 열기가
들판을 불태우는 격이다. 이럴 때는 그저 고요함으로 열기를 다스릴
뿐이다.

인생의 슬럼프, 이 또한 지나가리라!

  살다 보면 몸도 그렇고 마음도 그렇고, 모든 일이 잘 풀리지 않는 슬럼
프가 오기 마련이다. 생물학적으로 급격한 몸의 변화가 일어나는 사춘기
나 갱년기도 인생에서 가장 큰 슬럼프 중 하나이다. 내 몸이 내 몸 같지

않고, 뭔가 얼이 빠진 것처럼 생활 자체가 내 맘대로 안 된다. 괜히 화가 나고 또 때론 무기력해지기도 한다. 공부나 일에 집중하기도 어렵고 성과가 잘 나오지도 않는다.

지나치게 공부나 일에 몰두하여 번 아웃되었을 때에도 슬럼프가 온다. 한창 공부도 재밌고 성적도 잘 나온다. 일이 술술 풀리고 큰 성과를 앞두고 있다. 조금만 더하면 되는데 갑자기 슬럼프가 찾아온다. 또한 젖 먹던 힘까지 다 쏟아 부어 커다란 목표를 달성한 후에 한동안 슬럼프에 빠지기도 한다.

슬럼프가 자신의 능력 때문이 아니라 외적인 상황에 의해 발생한 것이라면 더욱 난감하다. 나는 잘하고 있는데 남이 잘못하고 세상이 잘못되어 내가 괜한 고생을 하고 있다는 생각이 든다. 남을 탓하게 되고 세상을 불평하게 된다. 그러나 이렇게 한다고 해도 문제는 해결되지 않는다.

슬럼프를 겪지 않은 사람은 없다. 오는 슬럼프를 외면한다고 해결되는 것은 아니다. 다만 슬럼프 기간을 줄이거나 강도를 낮추는 것이 슬럼프를 극복하는 지혜로운 방법이다. 슬럼프가 오면 가장 먼저 해야 할 것은 일단 모든 것을 멈추고 아무것도 하지 않는 것이다. 자꾸 뭔가를 해결하려고 애쓰다 보면 더 일이 꼬이고 더 깊은 슬럼프에 빠져들게 된다.

그런데 슬럼프가 꼭 나쁜 것만은 아니다. 잠시 멈춰서 자신이 지나온 길을 돌아보고 앞으로 가야 할 길을 잘 점검해보라는 신호이기도 하다. 슬럼프를 기꺼이 받아들이고 차분히 휴식을 취하면서 "이 또한 지나가리라!"라고 자신을 위로하면서 말이다.

채제공과 정치와(靜治窩)

채제공 초상(수원화성 소장)

채제공(蔡濟恭, 1720-17
99)은 조선의 중흥기라고
할 수 있는 영·정조 시대
의 주역이었다. 특히 정조
를 세손 시절부터 보필하였
으며 정조가 즉위한 뒤에
예조·형조·병조의 판서
를 비롯하여 규장각·홍문
관의 제학 등을 두루 역임
하였다. 정조가 시행한 정
책을 가장 가까이에서 보좌
하였는데 정조 재위 후반부
에 홀로 재상을 맡아 많은
업적을 이룩하였다.

그러나 채제공의 정치 인생이 순탄한 것만은 아니었다. 정조는 사도세
자의 아들로 세손 시절부터 정권을 잡고 있던 노론 세력에게 끊임없이
공격을 받았다. 노론 세력은 사도세자의 죽음에 책임이 컸기 때문에 정

조가 임금이 되는 것을 두려워하였다. 그래서 정조를 세손에서 끌어내리려고 온갖 수단을 동원하였다. 정조는 결국 영조를 이어 왕위에 올랐는데 이때 홍국영의 도움이 컸다.

홍국영은 정조의 총애를 받아 임금의 비서실장인 도승지에 오르는 등 정권의 실세가 되었다. 그런데 홍국영이 정조의 총애를 믿고 권력을 남용하면서 많은 문제를 야기하였다. 결국 홍국영은 왕후를 시해하려는 음모가 발각되어 조정에서 쫓겨나 병사하였다.

그런데 그 불똥이 채제공에게 튀었다. 1780년(정조 4) 8월, 조정에서는 채제공이 홍국영과 가깝게 지냈다는 점, 사도세자의 신원에 관한 과격한 주장을 한 점 등을 들어 채제공을 공격하였다. 이때 채제공의 나이 61세였다.

이로 인해 채제공은 관직에서 물러나 서울의 노량진에 은거하였다. 은거하고 있는 동안 한성 판윤, 예조·병조·공조의 판서 등에 임명되었으나 사직하고는 부임하지 않았다. 조정에서 끊임없이 채제공을 공격했기 때문이다. 그 뒤 1788년 정조의 친필로 우의정에 특채되기 전까지 거의 10년 가까이 야인 생활을 하였다.

'정치와(靜治窩)'는 노량진에 은거할 때 지내던 집에 붙인 이름이다. '정치(靜治)'는 표면적으로는 '고요함으로 더위를 다스리다.'라는 의미이다. 그 이면에는 자신의 목숨까지 위협하는 정국의 불길로부터 스스로를 지킨다는 의미가 담겨 있다.

또한 정치적 좌절에서 오는 심적 분노의 불길을 스스로 다스린다는 의미도 들어 있다. '정치'라는 재호에는 정치적 좌절과 정치적 포부 사이에서 갈등하며 자신의 마음을 다스리는, 늙었지만 열정 가득한 정치인의 고민이 담겨 있는 것이다.

정치와기

靜治窩記

채제공

금상(今上, 곧 정조) 10년(1786) 여름 나는 거처를 노량(鷺梁, 지금의 서울 노량진)으로 옮겨 강가 둔덕에 있는 집 하나를 빌려 머물렀다. 지붕이 낮고 집이 매우 좁아서 일어서면 상투가 서까래에 거의 닿을 듯하였다. 앉으면 이웃집 담이 마당까지 들어왔다. 구불구불한 담장 앞에는 오직 산봉우리 하나가 있었다. 그것도 나뭇잎 사이로 측면 한쪽만 겨우 모습을 드러내는 정도였다. 강이 가까운 거리에 있었으나 다닥다닥한 문으로 시야가 막혀서 보이지 않았다.

당시 불에 타는 듯한 폭염이 닥쳐 사람들은 모두 숨을 헉헉거리며 괴로워하였다. 나는 하루 종일 집에 틀어박혀 있었다. 마치 입 없는 조롱박마냥 아무 말도 하지 않았고, 면벽참선을 하는 스님마냥 조용하게 있었다. 옷과 버선을 벗은 적이 없었지만 몸에는 땀 한 방울 나지 않았다. 마치 불의 신이 몰고 온 여름철 삼복더위를 모르는 사람 같았다.

어떤 이가 이를 기이하게 여기며 나에게 물었다.

"천하의 만물 중에는 어떤 방법으로든 다스리지 못할 것은 없습니다. 병은 약과 침으로 다스릴 수 있음을 나는 압니다. 배고픔은 음식으로 다스릴 수 있음을 나는 압니다. 추위는 가죽옷과 숯불로 해결할 수 있음을 나는 압니다.

그러나 오직 천지가 모두 불타고 만물이 뜨거워지는 더위만은 넓은 집으로도 면할 수 없고 시원한 대자리로도 면할 없습니다. 지금 그대가 사는 집은 닭의 둥우리처럼 좁습니다. 그대는 어떤 방법을 사용하기에 작렬하는 태양의 위세를 덮어쓰고도 태연자약하며 평소의 상태를 바꾸지 않을 수 있단 말입니까?"

내가 웃으며 대답하였다.

"특별한 방법이 있는 것은 아니외다. 다만 '정(靜, 고요함)'으로써 할 뿐입니다. 지금 그대가 본 것은 내가 작은 열기를 다스리는 것을 본 것일 뿐입니다. 비록 지금보다 백 배나 되는 열기가 닥쳤을 때에도, 나는 또한 평소처럼 열기를 다스릴 수 있소이다. 대개 열기에는 크고 작은 차이는 있지만 정(靜)으로 대처하는 것은 마찬가지입니다.

저 권력을 잡은 간신들이 바른 사람들을 해칠 때, 벼슬의 열기는 온 들판을 불태우는 것보다 더욱 뜨겁습니다. 무서운 화염이 푸른 하늘까지 올라가니 하늘도 불태울 수 있습니다. 뭔가가 그 화염에 닿기라도 한다면 불길에 문드러지고 소멸하지 않는 것이 없습니다.

불의 신이 노려보고 있는 가운데 어떤 사람이 혼자 우뚝이 서 있다고 해봅시다. 그는 세도(世道)를 걱정하여 불타는 들판을 치워버리려고 하고, 뜨거운 피를 품고 있어서 꽁꽁 언 산을 녹이려고 합니다. 잘못을 바로잡는 일을 먼저 하느라 입술이 타고 입이 마르는데, 물 한 국자를 가지고 수레에 난 불을 끄려고 합니다. 비록 그가 믿는 도가 옳고 온 마음으로 고심한다 하더라도, 온갖 질시가 떼로 몰려든다면 거의 화롯불에 타 버리는 기러기 털처럼 되고 말 것입니다.

이런 상황에서 권세를 잡은 간신들은 뱀처럼 똬리를 틀고 지렁이처럼 뒤엉켜 있다가 화염을 수레에 싣고 산등성이를 불태우는데, 옥석을 가리지도 않고 다 태워버립니다. 과연 그 열기가 어떠하겠습니까.

우리가 의지하는 상제(上帝)의 지극한 인(仁)은 생명을 살리는 것을 덕으로 삼습니다. 그리하여 윤회의 업을 그에게 불어넣고 생명이 다한 식은 재에서 뽑아내어 육신을 보존할 수 있게 해 줍니다. 그러나 곤궁과 고난이 끊임없이 이어지는 상황은 거의 견딜 수 없을 지경입니다.

지난 번 내가 당한 일은 불행히도 이와 비슷한 상황이었습니다. 그때 믿은 것이라고는 스스로 돌이켜 보아 정직하다는 것이었고, 듣는 것이라고는 위에 계신 천명이었습니다. 귀가 있어도 들을 수 없는 것처럼 처신하고 눈이 있어도 볼 수 없는 것처럼 행동하였습니다. 산귀신이 비록 천백 가지로 변괴를 부린다 하더라도, 나는 단지 '정(靜)'이라는 한 글자를 가지고 대처하였습니다. 그러하니 사나운 불길이 나를 어찌할 수 있겠습니까. 옛사람이 말하기를 '정(靜)으로 열기를 다스린다.'라 하였는데 참으로 진실한 말입니다.

그러나 나의 정(靜)은 고요함 속에 움직임이 있고 움직임 속에 고요함이 있습니다. 한번 고요하였다가 한번 움직이는 것이니, 쓰임이 있는 데로 귀의하기를 힘쓰는 것입니다.

이것은 석씨(釋氏, 부처)가 게송(偈頌)에서 정(靜)을 오로지 한 덩어리의 죽은 물건일 뿐이라고 말한 것과는 다릅니다. 정자(程子)는 학생들을 가르치며 반드시 '정좌(靜坐)'를 강조하였습니다. 참으로 정(靜)에서 터득한 게 있다면 그 효과가 어찌 다만 열기를 다스리는 데에 그치겠습니까."

마침내 내 집의 이름을 '정치와(靜治窩)'라 하고 어떤 이와의 문답을 기록하여 기문으로 삼았다.

- 『번암집』 권35

외롭고 높고 쓸쓸한

이학규의 포화옥(匏花屋)

이학규

———

　지금 그대는 여관에 몸을 의탁하여 지내는 데다가 고향을 떠나 궁벽한 시골에 유배를 와서 구금이 된 상태입니다. 이는 여관 중의 여관에 머무르는 것이라 할 수 있습니다.

시인과 곤궁

　중국 송나라의 문인 구양수는 시인이 곤궁하면 곤궁할수록 시가 더욱 좋아진다고 주장하였다.

후세까지 전해지는 좋은 시를 보면, 옛날에 곤궁하게 살았던 사람들이 지은 시가 많다. 왜 그럴까?

선비가 역량을 열심히 길렀는데 이를 세상에 펼칠 기회를 얻지 못하면, 답답한 마음을 달래기 위하여 산으로 강으로 떠돌아다니면서 새와 벌레, 풀과 나무, 짐승 등을 관찰하며 종종 신기한 것을 찾아낸다. 마음속에 걱정과 울분이 가득 쌓여서 이것이 원망과 비판으로 표출되어 임금에게 버림받은 신하나 남편을 잃은 아낙과 같이 탄식하게 된다. 그리하여 보통 사람의 감정으로는 말하기 어려운 것을 시로 표현해 낸다.

이런 까닭에 시인이 곤궁하면 곤궁할수록 더욱 훌륭한 시를 짓는 것이다.

— 구양수, 「매성유시집서(梅聖俞詩集序)」,(『문충집』 권42)

고통과 시련을 겪어본 사람은 보통 사람이 보지 못한 것을 보고 느끼고 경험한다. 그리고 그것을 시로 표현해 내기 때문에 더 큰 울림과 감동을 전해준다.

한국의 현대 시인 백석(1912-1996)은 「흰 바람벽이 있어」란 시에서 "나는 이 세상에서 가난하고 외롭고 높고 쓸쓸하니 살아가도록 태어났다."라고 하였다. 시인의 삶은 대개 '가난하고 외롭고 높고 쓸쓸하기' 마련이다. 그러나 '가난하고 쓸쓸하기' 때문에 도연명처럼, 릴케처럼 시공간을 초월하여 감동을 주는 시를 쓸 수 있는 것이다. 어쩌면 훌륭한 시인에게 가난과 외로움은 숙명처럼 따라 다니는 것이 아니겠는가.

가난과 시련은 시인에게 더 다양한 경험을 선사하고 마음을 더욱 단단하게 만든다. 그리하여 시인은 외롭지만 '고고'한 존재가 된다. 다만 가난과 시련의 무게를 견디고 극복해야 한다. 이때 필요한 것은 자신에게 주어진 삶을 숙명으로 받아들이는 관조적 자세와 이 세상을 보다 넓은 시각에서 바라볼 수 있는 초월적 정신일 것이다.

이학규와 포화옥(匏花屋)

낙하생(洛下生) 이학규(李學逵, 1770-1835)는 조선 후기를 대표하는 시인 중 한 사람이다. 이학규는 유복자로 태어나 어린 시절 외가에서 교육을 받았다. 외가는 조선 후기의 실학자 성호 이익의 집안이었다. 외할 아버지는 재야의 문단을 주름잡았던 이용휴이고 외삼촌은 정조가 재상감으로 꼽았던 이가환이었다. 이학규 역시 약관의 나이에 정조로부터 재능을 인정받아 『규장전운(奎章全韻)』의 편찬에 참여하기도 하였다. 이학규는 그야말로 촉망 받는 인재였다.

그러나 이학규는 32세에 신유사옥에 연루되어 경상도 김해로 유배되었으며 이후 무려 24년 동안 유배 생활을 하였다. 신유사옥은 1801년 신유년에 일어났던 천주교도 박해 사건이었다. 1800년 정조가 갑자기 승하하자 노론 집권층은 정조가 중용하였던 남인 세력을 천주교와 연루시켜 정계에서 축출하였다. 이학규 자신은 천주교와 무관하다는 것이 밝혀졌으나 가문 내에 천주교도가 있었기 때문에 유배에 처해졌던 것이다.

이학규의 유배 생활은 기간도 길었을 뿐만 아니라 고통의 연속이었다. 유배 기간 동안 어린 두 자식, 아내와 어머니를 모두 저세상으로 떠나보냈다. 이학규는 가족의 임종도 함께 하지 못한 채 유배지에서 홀로 슬픔을 삼켜야 했다.

유배 생활이 10년쯤 지났을 무렵, 이학규는 기숙하고 있던 여관집에 '포화옥(匏花屋)'이라는 이름을 붙였다. '포화'는 '박꽃'이란 뜻이다. 여관집을 박 넝쿨이 둘러싸고 있었기 때문에 이렇게 이름을 지었다.

유배 온 처지라고 하지만 사대부가 지내는 집의 이름으로 '포화'는 어울리지 않는다. 더욱이 이학규가 박 넝쿨을 좋아한 것도 아니다. 한여름에 너무 더워서 박을 심어 넝쿨로 집을 덮어 그늘지게 하였다. 그런데 박 넝쿨 때문에 모기가 기승을 부려 긁느라 지치고 뱀이 서식하여 밤길이 무서웠다. 모기와 뱀을 신경 쓰다 보니 지병이 심해지고 가슴이 답답하여 참으로 못살 지경이었다.

그럼 이학규는 왜 '포화'라는 이름을 붙였을까? 이학규는 나그네로부터 여관에서 사는 노비의 이야기를 듣고 큰 깨달음을 얻었다. 여관에 사는 노비는 때가 꼬질꼬질한 얼굴에 다 헤진 옷을 입고 소나 말처럼 분주히 오가며 열심히 일한다. 여관 손님에게 빌붙어 끼니를 해결하며 버려진 음식도 달게 먹는다. 그리고 눕자마자 곤히 잠이 든다. 한여름에도 선선한 방에서 잠든 것처럼 잘 잔다. 여관의 노비는 이렇게 입고 먹고 자는 데에도 아무 병도 없이 튼튼하기만 하다.

　노비는 '자기가 사는 곳을 여관'으로 인정하고 지금의 삶에 만족하며 살기 때문이다. 넓게 생각해 보면 사람들이 사는 이 세상도 여관과 다름이 없다. 어차피 우리네 인생도 여관 같은 이 세상에 잠시 머물다 가는 게 아니겠는가.

　이학규는 유배지의 여관에서 지낸다. 이 세상을 여관으로 본다면 이학규는 여관 중의 여관에서 지내는 것이 된다. 지내는 곳이 좋든 나쁘든 전혀 집착할 필요가 없다. 그런데도 이학규는 여관집을 불평하면서 스스로 화를 돋우어 병을 불러들이고 있다.

　이학규가 여관집 이름을 '포화'라 지은 이유는 여기에 있다. 박 넝쿨 때문에 살기가 힘들다고 불평하였지만, 그로 인해 지금의 삶을 운명으로 받아들이고 편안히 살아갈 수 있는 깨달음을 얻었다. 결국 '포화'가 이학규를 새로운 삶으로 이끌어 준 것이다.

　지금은 2년 남짓한 군대 생활도 견디기 힘들다고 한다. 그런데 이학규는 무려 24년을 유배지에서 보냈다. 군대는 제대 날짜가 정해져 있으니 힘든 생활 속에서도 희망이나마 있다. 그러나 조선시대 유배형에 처해지면 언제 풀릴지 알 수도 없었다.

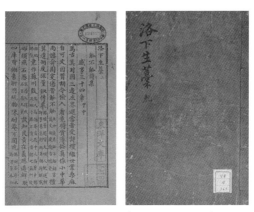

이학규, 『낙하생고』(일본 동양문고 소장)

　이학규는 좌절과 절망, 고립과 우울, 그리고 유배지의 열악한 환경과 싸웠다. 그는 시를 쓰며 우울을 달래고 시를 통해 자기 존재를 외쳤다. 이학규는 한국문학사에서 뛰어난 시인으로 평가받고 있으며 그의 시는 지금 읽어보아도 큰 울림을 준다. 이학규가 겪었던 오랜 유배 생활의 고통이 오히려 그의 시를 더 좋게 한 것은 아닐까. 이학규는 그야말로 '외롭고 높고 쓸쓸한' 시인이었다.

포화옥기

匏花屋記

이학규

낙하생(洛下生, 이학규의 호)이 지내는 여관집은 높이가 한 길도 채 안 되고 넓이는 아홉 지(咫)도 되지 않을 정도로 낮고 좁았다. 주인과 객이 서로 인사를 하려고 하면 갓이 천장에 닿았고, 잠을 잘 때면 다리를 쭉 펴지 못할 지경이었다. 한 여름에는 서쪽으로 넘어가는 햇빛이 쏟아져서 창문이 불탈 정도로 뜨거웠다. 이에 담장 아래를 둘러 박 수십 개를 심으니 넝쿨이 뻗어 집을 덮어서 그늘이 생겼다.

그랬더니 모기와 파리가 박 넝쿨의 그늘진 곳에 서식하고 뱀이 서늘한 음지에 서식하였다. 어두운 밤에 자주 뱀이 나타나 등불을 들고 집 주변을 순찰하였다. 가만히 있으면 모기에게 물려서 긁느라 피곤하고, 빨리 빨리 움직이면 뱀에게 물릴까 두려웠다. 해충과 뱀으로 걱정이 날로 심해져서 열병이 나고 소갈증도 앓고 답답증도 생겼다.

여관을 찾아오는 객이 있을 때면 이런 고충을 자세히 이야기하였다. 서울에서 온 어떤 객이 내 말을 듣고 위로해 주었다. 그러면서 객은 그가 예전에 겪었던 일을 이야기해 주었다.

"저는 젊었을 때 가난하여 전국을 돌아다니며 장사를 했습니다. 영남의 나루터와 역사(驛舍), 궁벽한 시골의 작은 시장까지 제 발길이 닿지 않은 곳이 없었습니다. 한창 무더운 여름날 여관에 사람들이 모여들 때면, 사또와 그를 따르는 심부름꾼들이 먼저 안쪽 방을 차지하여 더위를 식힙니다. 바람이 통하는 곁채와 밖의 평상에는 또한 양반집에서 시중을 드는 청지기나 길잡이가 차지합니다.

오직 뜨거운 구들방이나 침상은 벽을 뚫어서 관솔 불빛을 들어오게 하고 대자리를 깎아 빈대를 막습니다. 이곳은 아무도 차지하려고 하지 않아 저희 같은 장사치들이나 잠을 잡니다. 밤이 깊어지면 사람의 열기가 뜨거워져서 가마솥에서 밥에 뜸을 들이는 것처럼 푹푹 찝니다.

또한 액취가 심한 사람, 방귀를 뀌는 사람, 코 고는 사람, 이 가는 사람, 옴이 나서 긁는 사람, 잠꼬대하며 욕하는 사람 등, 갖가지 모습과 소리를 내니 이루 다 말로 형용할 수 없는 지경입니다. 이 때문에 잠을 자지 못하고 뒤척입니다. 그러다가 도저히 못 참겠는 사람은 옷을 챙기고 깔개를 들고서 부엌이나 방앗간, 외양간이나 마구간 등을 찾아다니며 네댓 번이나 잠자리를 옮깁니다.

그런데 여관에서 일하는 종들을 보면 지저분한 머리에 때가 낀 얼굴로 소나 말처럼 이리저리 뛰어다니며 일을 합니다. 아침저녁으로 행인들에게 빌붙어 끼니를 때우는데, 행인들이 남긴 음식과 술도 맛나게 먹습니다. 배불리 먹고 술에 취한 뒤에는 눕자마자 바로 잠이 듭니다. 우리들이 견디지 못한 것도 저들에게는 편안합니다. 마치 서늘한 날에 시원한 궁궐에서 잠을 자는 것 같습니다. 그들의 행색을 보면 옷차림이 남루하여 여기저기 꿰매었지만, 살결은 튼실하여 아무런 재앙을 입지 않고 천수를 누립니다.

이렇게 할 수 있는 데에는 다른 이유가 있는 게 아닙니다. 저들은 자기가 사는 곳을 여관으로 생각하며 지금의 삶을 본래 정해진 운명이라 여깁니다. 온갖 걱정과 근심으로 자기 마음을 상하게 하는 일도 없고, 끙끙거리며 탄식하느라 기운을 빼는 일도 없습니다. 그래서 재앙을 특별히 겪지 않고 천수를 누릴 수 있는 것입니다.

또 이 세상은 살아 있는 이를 봉양하고 죽은 이를 장사 지내는 여관과 같은 곳입니다. 여관은 하루 이틀 밤을 묵고 가는 곳입니다. 지금 그대는 이미 여관에 몸을 의탁하여 지내는 데다 또한 고향을 떠나 궁벽한 시골에 유배를 와서 구금이 된 상태입니다. 이는 여관 중의 여관에 머무르는 것이라 할 수 있습니다.

저 여관의 종들은 일자무식한 사람입니다. 다만 그들은 여관을 여관으로 여기면서 아무것이나 잘 먹고 아무 데서나 잘 잡니다. 추위와 더위도 그들을 해치지 못하고 질병도 그에게 해를 입히지 못합니다.

그대는 선비로서 도를 지키고 천명에 순응하며 본분을 잘 알아 행하는 분입니다. 그런데 여관 중의 여관에서 지내면서도 여관으로 생각하지 않고 스스로 마음에 성난 불길을 일으켜서 원기를 손상시키고 있습니다. 그리하여 이미 병이 생겨 거의 죽을 지경에 이르렀습니다. 그대가 배우고자 하는 것은 옛날 성현의 말씀인데 오히려 여관의 종들보다도 못해서야 되겠습니까."

　이에 객의 말을 순서대로 서술하여 벽에 쓰고 「포화옥기」로 삼았다.

- 『낙하생집』 책11

유배, D+3000

신기선의 연소재(鷰巢齋)

신기선

　남쪽 변방으로 유배를 와서 9년을 지냈다. 이곳에서 밤낮으로 한 발짝도 문밖으로 나간 적이 없다. 이 9년의 세월은 보통 사람의 40~50년에 해당되니 나에게는 반평생을 머문 곳이라 하겠다.

유배지에서 찾은 삶의 의미

　조선시대 유배는 무거운 형벌 중 하나로 죄인을 먼 곳으로 보내어 그곳을 떠나지 못하게 하는 조치이다. 유배는 서울에서 멀리 떨어질수록 무거운 형벌이라고 볼 수 있다. 내륙 지역으로는 함경도 지역이, 도서로는 남해안 일대의 섬과 제주도가 험지에 속했다.

　조선 중기의 문인 이항복은 광해군 때 인목대비 폐비에 반대하다가 함경도 북청으로 유배되어 그곳에서 생을 마감하였다. 조선 후기의 실학자 정약용은 신유사옥 때 40세에 유배되어 18년 후인 57세가 돼서야 고향으로 돌아올 수 있었다. 추사 김정희는 남쪽 끝 제주도와 북쪽 끝 함경도 북청에서 11년 동안 유배 생활을 하였다.

　유배에 처해지면 여러 가지 어려움이 뒤따랐다. 유배되기 전에 대부분 가혹한 국문을 받았다. 심신이 쇠약해질 대로 쇠약해지고 고문을 받아 신체의 일부가 불구가 되기도 하였다. 그래서 유배지로 가다가 도중에 사망하는 경우도 있었다. 또한 흑산도나 제주도처럼 배를 타고 거친 바다를 지나야 하는 경우, 도중에 풍랑을 만나 바다에 빠져 죽기도 하였다.

　유배지에 도착하면 의식주가 형편없었고 가족 면회도 금지되었다. 또 유배지 관할 지방관의 감시를 받아 언행이 자유롭지도 못했다. 가족들 역시 죄인으로 낙인이 찍혔다. 자식들은 과거시험 응시가 금지되었으며 가족이 관노가 되는 경우도 있었다.

　그러다가 시간이 지나면 유배된 이들에게 조금이나마 자유를 허락하였다. 비록 유배지를 벗어날 수는 없었지만 지인을 만나고 근처의 젊은 유생들을 가르치기도 하였다. 대개 지방으로 유배된 이들은 당대의 뛰어난 학자이자 문인들이었다. 지방의 유생들에게는 훌륭한 스승을 만날 수 있는 기회가 되기도 하였다. 정약용도 전라도 강진에서 제자들을 가르치며 『경세유표』·『목민심서』·『흠흠신서』 등을 저술하여 실학을 집대성 하였다.

오늘날 전라도 강진에는 강진다산실학연구원과 다산박물관이 설립되었으며, 다산초당은 많은 사람들이 찾는 유적지가 되었다. 제주도에는 추사김정희박물관이 세워져 제주도를 찾은 관광객들이 자주 들리는 명소가 되었다. 전국 곳곳에 유명인들의 유배지를 기념하며 박물관을 설립하고 각종 문화행사가 열리고 있다.

그런데 정약용이나 김정희가 살아 돌아와 자신의 유배지를 다시 가 본다면 어떤 기분이 들까. 이들에게 유배는 외롭고 두려웠던 고난의 시기였다. 유배지에서 죽을 뻔했고 죽은 이들도 있었다.

그렇지만 조선시대 많은 문인들은 유배지에서도 삶의 의미를 찾으려고 고투하였다. 실제로 유배지에서 많은 학문적 업적과 훌륭한 시문을 남겼다. 이들에게 유배지는 어느 곳보다 생의 의지가 강했던 곳이며 삶의 절실함을 몸소 경험하게 해 주었던 곳이었다. 인생에 닥친 큰 시련은 오로지 상실과 아픔만 있는 게 아니다. 새로운 것을 채울 수 있는 기회가 될 수도 있는 것이다.

신기선과 연소재(鷰巢齋)

신기선(申箕善, 1851-1909)은 젊은 나이인 27세에 문과에 급제하였다. 이후 승문원 부정자를 시작으로 홍문관 부교리, 시강원 문학 등 이른바 청요직을 두루 거쳤다. 그런데 1884년 갑신정변 때 개화당 내각에 이조판서 겸 홍문관 제학으로 참여하였기 때문에 전라도 고흥군 여도(呂島)로 유배되었다.

신기선은 이곳에서 9년간 유배 생활을 하였는데 자신이 지내는 거처에 '연소재(鷰巢齋)'라는 이름을 붙였다. '연소(鷰巢)'는 '제비집'이란 뜻이다. 그런데 '연(鷰)'은 '연(燕)'과 같은 글자로 제비라는 뜻 외에 '편안하다'는 의미도 있다. 신기선은 '연소'라는 이름에 이 두 가지 의미를 모두 담았다. 곧 제비가 잠깐 머물다 떠날 둥지와 평소 편안히 거처하는 연거(燕居)가 그것이다. 유배지에서 편안히 거처한다니 얼핏 보면 후자의 의미는 어울리지 않는 듯하다.

유배 생활 9년 동안 빠지지 않고 신기선의 거처를 찾아준 것은 오직 제비뿐이었다. 공부를 할 때나 관직 생활을 할 때 알고 지내던 이가 없지 않았다. 그러나 신기선을 찾아준 지인은 아무도 없었다.

여도의 연소재에서 신기선은 제비와 동고동락하였던 것이다. 신기선이 「연소재기」에서 구체적인 연도를 명기하며 제비가 둥지를 공사하는 과정을 자세히 기록한 것은 바로 이런 이유에서이다.

신기선은 또한 '연소'라는 이름에 '전일함'과 '오래함'의 의미를 담아냈다. 신기선은 유배지에서 한시도 떠날 수 없었다. 9년이라는 긴 세월을 오로지 연소재에서만 지냈다. 이 9년의 시간은 보통 사람들의 40~50년에 맞먹는 기간이었다. 달수로 보면 102개월이요, 일수로 따지면 3천일이 넘었다.

신기선, 『유학경위』(국립중앙도서관 소장)

　이렇게 보면 연소재는 제비처럼 잠깐 들렀다가 떠나는 일시적인 거처가 아니라, 자신의 반평생을 지낸 연거가 되는 셈이다. 신기선은 유배지 여도에서 학문 연구에　힘써서 체계적인 유학 개론서인 『유학경위(儒學經緯)』를 저술하기도 하였다. 신기선에게 연소재는 자신의 반평생을 증명해주는 공간이었던 것이다.

연소재기

薦巢齋記

신기선

　나는 병술년(1886, 고종 23) 여름에 전라도 여도(呂島)로 유배되었다. 유배지의 거처로 제비 한 쌍이 날마다 찾아와 쨱쨱대는 것이 내가 온 것을 기뻐하는 듯하였다. 이윽고 들보에 둥지를 지었는데 반도 짓기 전에 그만둬버렸다. 그 이듬해인 정해년(1887)에 제비가 다시 찾아와 전에 짓던 둥지를 계속 짓기 시작하였다.

　그러나 둥지가 완성되기 전에 나는 체포되어 서울로 올라갔고, 제비역시 둥지 짓기를 그만두고 떠나버렸다. 내가 유배지로 다시 돌아온 뒤이따금 문밖에서 살펴보았으나 제비가 다시 들어오지는 않았다.

　그로부터 4년 뒤인 경인년(1890)에 제비가 다시 찾아와 옛 둥지를 완성하고 새끼를 길렀다. 이후로 해마다 둥지를 보수하고 다시 새끼를 기른 뒤에 떠나갔다. 이렇게 한 지 5년이 흘러 갑오년(1894) 7월이었다. 두번째로 부화한 새끼 제비가 날려고 할 때, 나는 성은을 입어 유배에서 풀려났다.

　내가 남쪽 변방에서 9년을 지내며 귀신과 이웃하고 살 정도였다. 줄곧서로 가깝게 지내면서도 사이가 틀어지지 않은 것은 오직 제비뿐이었다. 유배에서 풀려나 출발할 때 내가 지내던 초막을 이웃집 백성에게 주면서 아동들이 글을 읽는 곳으로 만들게 하였다. 그러고는 '연소재(鷰巢齋)'라는 이름을 붙였다.

제비는 가을과 겨울 동안에 깊은 산속의 고목과 암석에 굴을 파고 지낸다. 그러다가 봄과 여름이면 인가의 들보 위에 둥지를 짓고 산다. 이 둥지는 제비에게 반년 동안 지내는 곳이지만, 이 초막은 내가 9년 동안 지냈던 곳이다. 달로 따지면 102개월이요, 날로 따지면 3천여 일이나 된다.

나는 밤이나 낮이나 한발 짝도 문밖을 나간 적이 없다. 일상적으로 집에 거처하는 보통 사람과 견주어 본다면, 나의 전일하고도 오래됨은 그들의 갑절보다도 많을 것이다. 따라서 이곳에서 지낸 9년의 세월은 40~50년 정도에 해당될 것이다. 그러하니 연소재는 내가 반평생을 머문 곳이 아니겠는가. '연소'라고 이름을 붙인 데에는 이런 의미를 취한 것도 있다.

– 『양원유집』 권9

걱정 따윈 강물에나 쥐버려

김택영의 시진창강실(是眞滄江室)

김택영

———

고국을 떠나 바다를 건너 와서 비로소 살 곳을 얻었고 '창강(滄江)'
이라는 자호에 부합하는 볼거리를 갖추게 되었다. 이제 이곳에서 더
이상 실의에 빠져 살지 않으리라.

나라 잃은 선비로 산다는 것

'을씨년스럽다.'란 말이 있다. 뭔가 싸늘하고 스산한 기운이 있다는 의
미로 쓰인다. 이 단어는 본래 '을사년스럽다.'였는데 '을사년'이 '을씨년'
으로 바뀐 것이라 한다. 곧 '을사년처럼 싸늘하고 스산하다.'는 의미이다.

을사년은 을사늑약이 있었던 1905년을 말한다. 을사늑약이 체결되었을 때 나라 분위기가 온통 참담하고 침통하였다. 그래서 1905년 이후로 날씨나 분위기 따위가 어수선하고 스산할 때 '을씨년스럽다.'라는 말을 쓰게 되었던 것이다. 특정 연도가 들어간 단어가 생겨날 정도로 1905년 을사늑약은 우리의 역사에서 충격적인 사건이었다.

구한말의 의병장이었던 의암 유인석은 국란에 대처하는 절의 있는 선비를 세 가지 유형으로 나누었다. 첫째는 의병을 일으켜서 침략자인 일본과 국내의 역적을 쓸어내는 '거의소청(擧義掃淸)'이요, 둘째는 더럽혀진 땅을 떠나서 옛 법도를 지키는 '거지수구(去之守舊)'요, 셋째는 죽음으로써 자신의 지조를 이루는 '치명수지(致命遂志)'이다.

첫 번째의 대표적인 인물이 바로 유인석 자신이다. 유인석은 국내에서 의병을 일으켜 싸웠으며, 상황이 여의하지 않자 러시아 연해주로 가서 의병 세력을 통합해 1910년 13도의군을 결성하고 도총재를 맡았다.

두 번째는 관직을 그만두고 한국의 역사와 문화를 지키기 위해 노력한 이들이다. 구한말의 관료이자 문장가인 창강 김택영이 여기에 해당된다. 김택영은 1905년 을사늑약이 체결되자 관직을 버리고 가족들과 함께 중국 상해로 망명하였다. 이곳에서 『한국역대소사(韓國歷代小史)』·『여한구가문초(麗韓九家文抄)』 등과 같은 한국의 역사와 문화를 보존하는 책을 간행하였으며, 중국 정부에 우리나라 독립 지원을 요청하는 진정서를 쓰기도 하였다.

김택영, 『한국역대소사』(울산박물관 소장)

세 번째는 자결함으로써 절의를 드러낸 경우이다. 1910년 국권이 강
탈되자 「절명시(絶命詩)」를 남기고 자결한 매천 황현이 대표적이다. 황
현은 "나라가 망했는데 한 사람도 자결하지 않는다면 되겠는가."라고 하
고는 자결함으로써 선비로서의 책임 의식을 보여주었다. 황현이 「절명
시」에서 토로한 것처럼 난세의 지식인으로 살아가는 것은 참으로 어려
운 일이다.

김택영과 시진창강실(是眞滄江室)

김택영(金澤榮, 1850-1927)은 개성 출신의 관료이자 문인이다. 그는
이건창·황현과 함께 조선 말기의 3대 문장가로 꼽히는 인물이다. 김택
영은 1866년(고종 3) 17세의 나이로 성균관 초시에 합격하였으며, 20

세 전후로 이건창과 교유하면서 문장가로 이름이 나기 시작했다. 34세 인 1883년(고종 20)에 당시 서울에 와 있던 중국의 지식인 장건(張謇)과 인연을 맺었다. 장건은 김택영의 시문을 극찬하였으며 김택영이 나중에 중국으로 망명하였을 때 많은 도움을 주었다. 김택영은 이후 편사국 주 사·중추원 서기관·학부 편집위원 등의 관직을 역임하였다.

그러나 1905년 을사늑약이 체결되자 모든 관직을 사직한 뒤 가족을 데리고 중국 상해로 망명하였다. 전에 인연을 맺었던 장찰·장건 형제의 도움으로 통주(通州)의 한묵림서국(翰墨林書局) 출판사에서 책을 교열하 며 힘들게 생활하였다.

김택영은 처음 상해로 망명했을 때 남의 집에 세 들어 살았다. 그러다 가 자기 집을 겨우 마련하고는 '시진창강실(是眞滄江室)'이란 이름을 붙 였다. '시진창강(是眞滄江)'은 '이곳이 진짜 창강이다.'라는 의미이다.

'창강(滄江)'은 '푸른 강'이란 뜻인데 김택영은 이미 20대부터 '창강'을 자호로 사용해 왔다. 그런데 왜 30년이나 지난 50대에 그것도 이국땅 망 명지 집에 '이곳이 정말 창강이다.'라는 이름을 붙인 것일까.

계유년(1873, 고종 10) 나는 개성 홍산에서 독서하였다. 당시 나는 여러 해 화병을 앓아 괴로웠는데, 독서하는 여가에 돌에 걸터앉아 물 을 바라보다가 한참 지난 후에 집으로 돌아오면 가슴이 시원하였다. 드디어 자호를 '창강(滄江)'이라 지어서 상쾌한 기분이 항상 몸과 마음에 있게 하고자 하였다.

— 김택영, 「별호기(別號記)」(『소호당문집』 정본 권4)

김택영이 20대 때 자호를 '창강'이라 한 것은 실제 있는 강을 가리켜 붙인 것이 아니다. 화병을 오래 앓아 심신이 괴로울 때, 물을 한참 동안 바라보면 끓어오르던 화기가 가라앉으며 마음이 시원해지는 느낌이 들었다. 심신을 늘 상쾌한 상태로 유지하고픈 바람을 담아 '창강'이라 하였던 것이다.

그로부터 30년이 지난 뒤 상해로 망명하였다. 집 주변에 강이 있는데다가 강물이 집을 휘감아 돌아 주변이 온통 물이었다. 그야말로 김택영은 실제 강 근처에 살게 되었으며 '창강'이라는 자호가 비로소 명실상부하게 되었다.

김택영은 망명지에서 '이곳이 진짜 창강이다.'라는 이름을 지으며 30년 전 화병을 치료했듯이 마음이 진정되고 상쾌해지기를 바랐다. 지금은 나라의 명운이 경각에 달려 있는, 더 큰 화병이 생길 상황이었다. 김택영은 시진창강실에서 강물을 보며 망명객으로서의 우수와 나라에 대한 걱정을 씻어내고 싶었다. 그래서 더 이상 실의에 빠져 살지 않겠노라 다짐하였던 것이다.

시진창강실기

是眞滄江室記

김택영

방에 누워서 배에 달린 깃발이 동문 밖 뽕나무 가지를 스치며 지나가는 것을 본다. 누워 있는 곳은 '시진창강실(是眞滄江室)'이다. 주인은 젊었을 때부터 '창강(滄江)'을 자호로 삼았으나 실제 사는 곳에는 강이 없었다. 이에 대해서는 일찍이 기록해 둔 적이 있다.

을사년(1905) 나라를 떠나 중국 강소성(江蘇省)의 통주(通州)로 망명하였다. 대부(大夫) 퇴암(退菴) 장찰(張詧)과 색암(嗇菴) 장건(張謇) 형제에게 의지하여 집 한 채를 빌려 거처하였다. 얼마 지나지 않아 세 들어 살던 곳의 왼쪽 구석진 데에 있는 집을 사서 이사를 하였다. 그곳은 통주성 동남쪽 호하(濠河)에 인접한 곳이었다.

통주란 곳은 서북쪽으로 소하수(小河水)가 당가(唐家)를 거쳐 경주성(經州城) 수문을 지나 동남쪽으로 백여 리를 흘러 바다로 들어간다. 남쪽으로 당가 수문과 육칠십 리 떨어진 곳에서 하수의 물줄기가 나누어지는데, 지류 하나는 경주성 북쪽을 내달려 본류와 합류한다.

강물이 마치 고리 모양으로 성을 둘러싸고 흘러 마침내 해자를 이루었다. 이에 주인의 집은 실로 섬에 있는 것과 같아서 강물을 비로소 실컷볼 수 있게 되었다. 이 집이 '시진창강실'이란 이름을 얻게 된 것은 이 때문이다. 색암 장건이 현판의 글씨를 써 주어 걸어두었다.

문밖으론 항상 고깃배 한두 척이 와서 유숙하였다. 어부들의 떠드는 소리가 시끄러워서 마치 이웃집 같았다. 상선은 아침저녁으로 꼬리를 물고 왕래하였다. 때때로 작은 화륜선(火輪船)이 배 한두 척을 끌고 지나갔는데 마치 물고기를 꿰어놓은 것 같았다. 그 외에 또 상앗대를 밟으며 물고기를 모는 자도 있고, 가마우지를 시켜 물고기를 잡는 자도 있었다. 이들이 때때로 모여들어 시끄러웠다.

강가 언덕 너머로는 대나무가 들을 덮어 인가가 보였다 안 보였다 하였다. 아득히 펼쳐져 마치 끝이 없는 것 같았다. 남쪽 1~2리 밖으로 우뚝 솟은 낭산(狼山)과 검산(劍山)의 여러 봉우리가 문득 시야에 들어왔다. 봉우리들은 마치 망망대해에 돛단배가 풍랑을 만나 꼼짝하지 못하고 일렁이는 파도 사이에 떠 있는 모습 같았다. 이것들은 또 강 바깥에서 풍경을 받혀주는 것으로, 이곳 풍경을 더욱 아름답게 해주는 실제 경관들이다.

집은 오래된 것치고는 제법 튼튼하고 컸는데 허물어진 곳이 삼분의 일이나 되었다. 주인은 수리를 하기도 하고 새로 짓기도 하였다. 또 더위가 심하여 중당(中堂)의 북쪽 벽에 창문을 내었다. 허물어진 곳은 정리를 해서 밭을 만들고 채소와 곡식을 심었다. 뜰에는 비파나무·귤나무·대나무가 한 그루씩 있었다. 귤나무와 대나무는 주인이 새로 심은 것이다.

어떤 이가 말했다.

"그대는 고국을 떠나 만 리 길을 와서 비로소 살 곳을 얻었고, 이름에 부합하는 실질을 얻어 볼거리를 갖추게 되었소. 이 역시 천하에 참으로 기이한 일이 아니겠소. 그대는 이를 즐거움으로 삼을 것이며 '내 어찌 이런 곳에 와서 실의에 빠져 살까.'라고 한탄하지 마시구려."

주인은 미소를 지을 뿐 애써 대답하지는 않았다.

- 『소호당문집』 정본 권5

화병을 오래 앓아 심신이 괴로울 때, 물을 한참 동안 바라보면

끓어오르던 화기가 가라앉으며 마음이 시원해지는 느낌이 들었다.

심신을 늘 상쾌한 상태로 유지하고픈 바람을 담아

'창강'이라 하였던 것이다.

제4부

나답게 살면
그만이지

내 삶을 얻었는가

김양근의 득생헌(得生軒)

김양근

────

도연명은 뭔가 애써 일하지 않은 것을 자신의 진정한 삶을 얻은 것으로 여겼다. 그렇다면 외물에 부림을 당하는 것은 자신의 삶을 잃는 것이 아니겠는가.

도연명이란 이상향

요즘 직장인들은 가슴에 사직서를 품고 산다고 한다. 업무가 너무 많고 상사나 동료와의 갈등으로 회사 생활이 힘들면 사직서를 던지고 싶은 마음이 굴뚝같다. 그러다가도 생계를 위해, 가족을 위해, 사직서를 다시

집어넣는다. 술 한 잔 기울이며 스트레스를 풀기도 하고 휴가 때 여행을 떠나 재충전의 시간을 가져보기도 한다.

하지만 삶에 대한 고민은 끝나지 않는다. 이렇게 사는 게 진정 행복한 삶인가. 나는 이렇게 일만 하고 사람들에게 치이다가 죽는 것은 아닐까. 내가 이러려고 이 세상에 태어난 것인가. 나 자신을 위한 삶은 무엇일까. 나는 언제쯤 나의 행복을 위해 살 수 있을까. 반복되는 일상 속에서도 이런 생각들이 불쑥불쑥 찾아온다.

옛날 문인들도 마찬가지였다. 과거시험에 합격하여 벼슬에 나갔다 해도 좋은 일만 있었던 것은 아니다. 승진을 못 해 평생 낮은 관직을 떠돌기도 하고 임금의 뜻을 거슬러 벌을 받기도 하였다. 더 힘든 것은 자신이 공부한 성현의 말씀과 현실 정치가 괴리될 때이다. 더러운 정치판에서 계속 벼슬을 해야 하나 회의가 드는 것이다.

이럴 때면 중국 위진남북조 시대의 문인 도연명을 떠올렸다. 도연명은 왕조가 수시로 바뀌는 혼란한 시대를 살았다. 그는 집이 가난해서 부모를 봉양하기 위해 어쩔 수 없이 관직에 나가 팽택 현령이 되었다. 요즘으로 치면 시골의 면장쯤 되는 직위이다.

그런데 군수가 현을 감독하기 위해 독우를 파견하였다. 아전이 도연명에게 의관을 갖추고 독우에게 인사를 해야 한다고 하였다. 이에 도연명은 과감하게 벼슬을 그만두고는 고향으로 돌아갔다. 이때 지은 글이 그 유명한 「귀거래사(歸去來辭)」이다.

고향으로 돌아온 도연명은 경제적으로 궁핍한 생활을 하였다. 작고 허름한 집은 비바람도 막기 어려웠으며 식량이 없어 끼니를 거르는 일도 많았다. 그러나 그는 책을 읽으며 책 속에서 자신을 알아주는 지우를 만나 기뻐하였다. 또 가끔 술을 들고 찾아오는 벗이 있으면 마음을 터놓고 이야기하였다. 도연명은 혼탁한 세상사와 세속적 명리에 연연하지 않고 전원에서 시문을 지으면서 평생을 유유자적하게 살았다. 비록 가난해서 생계가 어려웠지만, 그에게 무엇보다 중요한 것은 자족, 곧 자기 스스로가 만족하는 삶이었다.

옛날 문인들은 삶이 힘들 때면 도연명이라는 존재가 마음의 안식이 되어 주었다. 특히 유배를 당하면 도연명을 더욱 그리워하였다. 「적벽부」로 유명한 중국 송나라의 문인 소식은 해남도에 유배되었을 때, 도연명의 시에 화운하며 시공을 초월해 도연명과 대화를 나누었다. 이를 '화도시(和陶詩)'라고 한다.

소식 이후 중국과 조선의 문인들이 정치적 어려움을 겪을 때면 화도시를 지으며 마음의 위안을 찾았다. 문인들에게 도연명과 그가 남긴 시문은 일종의 유토피아였던 것이다.

김양근과 득생헌(得生軒)

김양근(金養根, 1734-1799)은 경상도 안동 출신의 문인이자 관리이다. 30세에 문과에 급제하여 병조 정랑, 사헌부 지평, 형조 참의 등 괜찮은 관직을 적지 않게 역임하였다.

그런데 자신의 서재에 '득생헌(得生軒)'이란 이름을 붙이고, 세속의 득실에 상관없이 내 마음 닿는 대로 나의 삶을 살겠노라 선언하였다. '득생'이라는 말을 글자 그대로 풀이하면 '나의 삶을 획득하다.' 정도의 의미이다. 김양근은 진정 나의 삶을 얻었는지 아니면 잃었는지 심각하게 고민하게 된 것이다.

'득생'이라는 이름은 도연명의 시에서 가져왔다. 다음은 도연명의 「음주(飮酒)」 20수 중 한 편이다.

가을 국화 빛깔이 좋아

이슬 머금은 그 꽃잎을 따다가

이 근심 잊게 하는 물건에 띄워서

세상 버린 나의 정을 멀리 보낸다

비록 홀로 술잔 기울이지만

술잔 비면 술 단지 저절로 기우네

해지고 만물이 조용해지니

돌아오는 새는 울며 숲으로 날아드네

동헌 아래서 맘껏 노래하며 휘파람 부노니

애오라지 다시 내 삶을 얻었도다

秋菊有佳色　裛露掇其英

汎此忘憂物　遠我遺世情

一觴雖獨進　盃盡壺自傾

日入羣動息　歸鳥趨林鳴

嘯傲東軒下　聊復得此生

– 도연명, 「음주」

　김양근은 마지막 구의 "애오라지 다시 내 삶을 얻었도다."에서 '득생'
이라는 이름을 취한 것이다. '득생'이라는 이름에는 도연명처럼 세속의
일을 일삼지 않고 자신을 위한 삶을 살겠다는 다짐을 담았다.

정선, 「인곡유거도」(간송미술관 소장)

도연명의 「음주」 시를 두고 소식은 다음과 같이 말하였다.

> 도연명은 뭔가 애써 일하지 않은 것을 자신의 진정한 삶을 얻은 것
> 으로 여겼다. 그렇다면 외물에 부림을 당하는 것은 자신의 삶을 잃는
> 것이 아니겠는가.
>
> – 소식, 『동파제발』

출세욕, 명예욕, 재물욕 등이 대표적인 외물이다. 진정한 자기 삶은 얻
는다는 것은 자기 주체성을 확립하여 외물에 휘둘리지 않는 것이다. 자
신의 행복을 위한 삶을 살기에도 인생은 너무나 짧다. 외물 따위에 우리
인생이 휘둘려서야 되겠는가.

득생헌기

得生軒記

김양근

　사람에게는 일이 없을 수 없다. 일은 실로 사람에게 삶과 죽음, 이득과 상실을 발생시키는 기미가 된다. 어째서 그러한가? 대개 천지간에 천 가지, 만 가지로 잡다하고 어지러운 것은 일이 아님이 없기 때문이다.

　그러나 천지 만물이 생기기 전에는 혼돈 상태인 무극(無極)일 뿐이었다. 무극의 태초에 어찌 일이라는 것이 있었겠는가. 그저 담담하고 고요하였으며 뭔가를 경영하거나 일삼는 것이 없었다. 다만 자연스러운 원초적인 기의 상태였으며 죽음이 없는 청정한 세계일 뿐이었다.

　그런데 인위(人僞)가 발생하면서 온갖 일들이 생겨났다. 일에는 길고 짧음, 아름다움과 추함의 구분이 있다. 이 때문에 사람들의 마음은 선망하는 것과 미워하는 것으로 또 갈라졌다. 온갖 망령된 생각으로 삶과 죽음이라는 고통의 바다에 떨어지고, 만 가지 일이 생겼다 사라지는 곳에서 시련을 겪었다. 진리를 깨우치지 못하여 끝없는 번뇌 속에서 혼란스러워하였다.

　이렇게 한평생을 골몰하며 살아가지만 끝내 자신의 몸이 점점 내 것이 아니게 되는 것을 면하지 못한다. 이는 바로 석가가 말한 바 "형상이 없는 번뇌가 뿌리 깊은 곳을 물들였다."라고 한 게 아니겠는가. 산 것 같기도 하고 죽은 것 같기도 하다. 내가 얻은 것으로는 잃은 것을 보전할 수 없다. 이것이 진정 사는 것이라 할 수 있겠는가. 어렸을 때 집을 잃고 고향으로 돌아갈 줄 모르는 격이다. 어째서 이렇게 되었단 말인가.

천고에 이 의미를 아는 이는 오직 율리(栗里)의 무현옹(無絃翁) 도연명(陶淵明) 한 사람뿐이었다.

> 동헌 아래서 맘껏 노래하며 휘파람 부노니
> 애오라지 다시 내 삶을 얻었도다
> 嘯傲東軒下　聊復得此生

아, 세상을 유유히 살아가며 자신의 삶을 잃은 이가 얼마나 많은가! 도연명 역시 이 시를 읊었던 당일에는 아마도 자득(自得)하지는 못했을 것이다. 북창 가에서 술에 취하여 자다가 다행히 먼저 깨어나 동헌 아래에서 거침없이 노래하고 휘파람 불며 태연자약하였다.

그러면서 속세의 그물망으로 잘못 떨어진 날을 돌이켜 생각하였다. 죽음 가운데서 다시 살아났을 뿐만 아니라, 이 세상의 모든 현상을 순식간에 나타났다 사라지는 물거품이나 번갯불로 귀결시켰다. 그러하니 시구의 '요부(聊復, 애오라지 다시)' 이 두 글자는 우리 도연명 선생에게 삶과 죽음의 관문이 아니겠는가.

아! 요즘 나는 그다지 일삼는 것이 없다고 할 수 있다. 그저 내 마음 닿는 대로 지내면서 만사에 관여하지 않는다. 오직 보리밥에 나물국을 먹고서 편안하게 하루를 보낼 뿐이다. 이따금 하늘을 우러러보고 호탕하게 휘파람 불며 말하곤 하였다.

"알지 못하겠구나! 내 삶을 얻었는가, 아니면 잃었는가. 잃은 것 역시 나요, 얻은 것 역시 나로다. 장차 이득과 상실을 모두 잊고 이렇게 생을 마감하리라!"

아! 도연명이 이런 나를 기꺼이 인정해 줄까.

동파자(東坡子, 소식(蘇軾))는 말했다.

아무 일 없이 조용히 앉아 있으면

하루에 이틀을 사는 효과가 있다네

만약 칠십 년을 산다면

일백사십 년을 사는 셈이어라

無事此靜坐　一日是兩日

若活七十年　便是百四十

나 또한 득생헌(得生軒)에서 동파자처럼 이렇게 말하고 싶구나.

- 『동야집』 권7

나는 자연인이다

남공철의 우사영정(又思穎亭)

남공철

———

　고서 3천 권과 금석문이 수십 종 있다. 술을 즐기는 성격은 아니지만 늘 술 한 병을 두었고, 타지 않는 거문고 하나와 두지도 않는 바둑판 하나가 있다. 이를 즐기면서 늙어가는 것도 잊었다.

자연인은 왜 이렇게 많을까

　〈나는 자연인이다〉라는 TV 프로그램이 있다. 주로 산속 깊은 곳에 혼자 사는 자연인을 찾아다니며, 그와 함께 1박 2일 생활하는 모습을 담아낸 프로그램이다.

자연인들은 대개 세상의 풍파를 겪었거나 죽을 정도의 큰 병에 걸려서 세상을 등지고 산속으로 들어온 사람들이다. 가족과 직장을 떠나 혼자 생활하면서 심신의 안정을 찾고 건강을 회복한 사람들이 많이 나온다. 산속에 자기만의 집을 지어 놓고는 텃밭에 농사를 짓고 나물과 약초를 캐며 생활한다. 얼마나 힘들었으면 저렇게 산속으로 들어가 혼자 살까 하고 연민이 느껴지기도 한다.

이 프로그램은 2012년에 시작하였으니 벌써 10년이 넘었다. 처음에는 한 2년 정도 하면 끝나지 않을까 생각했다. 1주일에 자연인 1명이 출현한다. 1년으로 치면 50명 정도이고 2년이면 100명이 넘는다. 우리나라에 자연인이 아무리 많다고 해도 출연자가 100명이 넘을 거라고는 생각하지 못했다.

그런데 아직까지도 계속 방영된다는 것은 지금도 자연인이 끊임없이 생겨나고 있기 때문이다. 또한 프로그램이 폐지되지 않는 걸 보면 고정 시청자 층이 형성되어 있음을 알 수 있다. 도시화가 확대될수록 현대화가 고도화될수록, 사람들은 오히려 자연 속에 살고 싶어 하는 게 아닐까.

늘 자연 속에 사는 농촌 사람들보다는 도시 생활에 찌든 사람들에게 자연 속에서의 여유로운 삶은 더 절실하게 다가온다. 바쁜 일상을 보내고 세파에 흔들릴수록 더욱 자연 속에서의 한적한 삶을 꿈꾼다. 자연 속에서 한적하게 사는 것에 대한 동경이 팍팍한 도시 생활을 버티게 해주는 활력소가 되기 때문이리라.

남공철과 우사영정(又思潁亭)

남공철(南公轍, 1760-1840)은 서울의 명문가 출신으로 21세에 초시에 합격하고 33세에 문과에 합격하였다. 이후 홍문관 부교리, 규장각 직각, 대제학 등을 거쳐 우의정과 영의정까지 올랐다. 아버지를 이어 2대에 걸쳐 대제학을 지낼 정도로 문장이 뛰어난 문인이었다. 남공철은 1817년 우의정에 임명된 이후로는 무려 14년 넘게 재상 자리에 있었다. 어렸을 때부터 재능이 뛰어났을 뿐 아니라 일찍 과거에 합격하여 재상까지 오른 성공한 관리였다.

그런데 남공철은 44세인 1801년에 은퇴를 준비하며 금릉에 원림을 조성하기 시작하였다. 금릉은 지금의 경기도 성남시 금토동 일대로 서울 도성과는 가까운 거리였다. 남공철은 옥경산에 있던 정자를 사서 이름을 '우사영정(又思潁亭)'으로 바꾸고 이곳을 귀거래의 공간으로 조성하였다.

'우사영정(又思潁亭)'이란 정자의 이름은 '다시 영주를 그리워하다.'라는 뜻이다. 영주(潁州)는 중국에 있는 고을 이름이다. '우사영정'은 구양수의 '사영정(思潁亭)'을 본뜬 것이다. 구양수는 영주를 그리워하여 44세 때 영수 가에 '사영정'이란 정자를 짓고 은퇴하려고 하였다. 그러나 상황이 여의하지 않아 결국 64세가 되어서야 이를 실행에 옮겼다. 남공철은 평소 구양수의 인품과 문장을 흠모하였고 구양수와 같은 44세에 은거에 뜻을 두었기 때문에 정자 이름을 '우사영정'이라 지은 것이다.

그러나 남공철은 우사영정을 조성한 이후로도 계속하여 현직에 머물러 있었다. 재상의 업무를 보면서 가끔 우사영정에 들러 자기만의 자연인 생활을 즐겼다.

남공철은 60세 때 지은 「자갈명(自碣銘)」에서 우사영정에서의 생활을 다음과 같이 회상하였다. '자갈명'은 죽기 전에 자신의 묘비에 새겨질 글을 손수 지은 것을 말한다.

용산과 광릉 사이에 정자를 마련하고 매화·국화·소나무·대나무 등을 많이 심었다. 때때로 두건을 쓰고 편안한 복장을 입고서 밖에 나가 소요하였다. 손님이 오면 향을 사르고 단정히 앉아서 경전과 역사에 대해 토론하곤 하였다. 곁에는 고금의 뛰어난 서첩과 화첩, 청동 그릇과 옥그릇, 술잔과 솥 등을 늘어놓고 완상하며 품평하였다. 담박하여 영리를 추구하는 마음이 없었다.

그러나 임금을 사랑하고 나라를 걱정하는 마음이 당시에 지은 여러 편의 시문에 자주 드러나 있다. 훗날 군자 중에는 반드시 이 글을 읽고서 나의 마음을 알아줄 자가 있을 것이다.

−남공철, 「자갈명」(『영옹속고』 권5)

남공철은 우사영정에서 세상의 영리를 멀리하고 한적한 생활을 즐기면서도 임금을 사랑하고 나라를 걱정하는 마음을 놓지 못했다. 그리하여

58세 때 우의정에 임명된 뒤로 14년간이나 재상의 자리에 있었던 것이다.

남공철은 우사영정에서 책과 술, 거문고와 바둑, 금석문 등을 즐겼다. 이것들은 탈속적인 문인들이 즐기는 고상한 취미이다. 이 중에 책과 술 그리고 시문 창작은 도연명의 「오류선생전」에 나오는 것들이다. 당나라 백거이의 「취음선생전」에서 거문고와 바둑이 추가되었다. 그리고 금석문은 송나라 구양수의 「육일거사전」에 보인다. 남공철은 우사영정의 아름다운 자연 속에서 고상한 취미를 즐기며 나만의 행복을 만끽하였던 것이다.

강세황, 「지상편도」(개인 소장)

우사영정기

又思穎亭記

남공철

　의양자(宜陽子, 남공철의 호)는 평생 구양자(歐陽子, 구양수)의 인품을 흠모하였다. 또한 그의 문장과 덕업을 흠모하였으며 영수(潁水)를 그리워했던 그의 마음을 더욱 흠모하였다.

　의양자는 조정에 나간 이후로 세상에 보기 드물게 임금의 은혜를 과도할 정도로 많이 받아서 오랫동안 임금을 가까이에서 모셨다. 감히 사사로운 것에 대해 말할 것은 아니지만, 태평한 시대였던 송나라 가우(嘉祐) 연간에 구양수가 받았던 임금의 은혜보다 더했다. 그러나 벼슬을 그만두고 낙향하여 편안히 쉬고 싶은 생각을 하루도 잊은 적이 없었다.

　의양자는 4년 전에 광릉(廣陵)의 옥경산(玉磬山)에 있는 정자를 사서 '우사영정(又思潁亭)'이라 이름 붙였다. 의양자가 구양자를 흠모한 것이 이즈음에 더욱 간절했던 것이다.

　이후로 나라에 큰일이 많이 발생하여 내직과 외직을 바쁘게 수행하였다. 몸이 영수로 돌아가지 못했을 뿐만 아니라 영수를 생각하며 지은 글이 한 편도 없었다. 눈 앞에 펼쳐진 우사영정의 풍경과 마음속에 들어있는 시는 의양자 혼자만 알 뿐 다른 이들은 진정 알지 못하였다.

의양자의 집에는 고서 3천 권과 금석문이 수십 종 있다. 술을 즐기는 성격은 아니지만 늘 술 한 병을 두었다. 연주하지도 않는 거문고 하나가 있었으며 두지도 않는 바둑판 하나가 있었다. 비록 구양자처럼 풍부하게 구비하지는 못했지만 의양자에게는 적은 것이 아니었다. 의양자는 이것들을 즐기면서 늙어가는 사실조차도 잊을 정도였다.

하루는 임금께서 의양자가 아직 노쇠하지는 않았지만 정말로 병이 들어 사직하는 것을 아셨다. 그리하여 특별히 다섯 가지 물품을 보내주시고 전원으로 돌아가게 하였다. 좋은 관복과 큰 띠를 매지 않아 몸이 편해지고 근심과 걱정이 없어 마음이 편해졌다. 비로소 오랜 염원을 거의 이루게 될 것이다. 이것이 바로 우사영정을 세운 뜻이다.

객이 물었다.

"그대는 아직도 벼슬을 떠나지 않고 있습니다. 그저 그 이름만 사모해서야 되겠습니까?"

의양자가 대답하였다.

"구양자가 영수 가에 처음 땅을 샀을 때가 마흔넷이었습니다. 그 후 조정에서 두 부서의 장을 맡고 외직으로 나가 청주와 박주의 태수를 역임하였습니다. 결국 예순넷이 되어서야 벼슬에서 물러났습니다.

저는 올해 역시 마흔넷입니다. 만약 수십여 년을 더 살아서 예순넷이 된다면, 어찌 제가 했던 말을 실천할 날이 없겠습니까. 지금의 의양자는 옛날의 구양자라 할 수 있을 것입니다."

마침내 객과 함께 크게 웃고는 이를 기록한다.

－『금릉집』권12

남공철, 「금릉집」(미국 버클리대동아시아도서관 소장)

남공철은 평소 구양수의 인품과 문장을 흠모하였고

구양수와 같은 44세에 은거에 뜻을 두었기 때문에

정자 이름을 '우사영정'이라 지은 것이다.

집에서 즐기는 네 가지

박시원의 사일와(四逸窩)

박시원

———

    내가 집에서 편안하게 즐기는 것은 네 가지이다. 책은 나의 배고픔을 잊게 하고, 술은 나의 갈증을 풀어주고, 잠은 나의 피곤함을 풀어주고, 호미질은 나의 게으름을 일깨운다.

소확행 - 소소하지만 확실한 행복

    큰 교통사고를 당해 죽음의 문턱을 다녀온 사람이 있었다. 더 큰 집으로 이사 간다고 가족을 위한다고, 먹고 싶은 것도 못 먹고 입고 싶은 것도 못 입고 그렇게 아끼며 살았다. 그런데 막상 죽으려고 하니 너무나 억울하였다. 나를 위해 투자한 것이 아무것도 없었다.

그렇다고 내가 희생해서 가족들이 행복한 것 같지도 않았다. 가족들도 나의 욕심과 희생에 저당 잡혀 불행하게 살고 있는 것만 같았다. 다행히 그 사람은 다시 살아났다. 그 이후로는 '바로 지금' 자신과 가족의 행복을 위해 살았다고 한다.

늙어서 죽음에 가까워지면 나중의 행복을 위해 좇았던 부와 명예가 무슨 의미가 있었나 하고 후회할 것이다. 번듯한 집 한 채 마련하고 애들 다 키우고 좀 여유로워지면 해외여행 가야지 하고 희생하며 살았다. 그러나 정작 나이가 들어 여건이 되었을 때에는 몸이 불편하고 병이 들어서 비행기를 타지도 못한다. 그때 가서 후회한들 무슨 소용이 있겠는가.

그렇다고 젊었을 때 공부도 일도 하지 말고 놀자는 게 아니다. 당연히 생계를 위해서 공부도 하고 일도 하고 돈도 벌어야 한다. 하지만 그것이 삶의 전부인 것처럼 자신의 삶을 낭비하고 행복을 희생하지 않았으면 좋겠다. 미래의 거창한 삶만큼이나 현재의 소소한 행복도 중요하기 때문이다.

보통 행복의 조건으로 사회적 명성과 지위, 경제적 부와 풍요로운 생활을 말한다. 그러나 사회적 명예와 경제적 부만큼이나 내적인 만족과 정서적인 안정이 행복에 큰 영향을 미친다. 우리가 정말 행복했던 순간을 떠올려 보자.

예쁜 카페에 앉아 향긋한 커피 한 잔 마실 때, 꽃이 피고 녹음이 우거진 산책길을 신선한 바람을 맞으며 걸을 때, 맘 맞는 친구들과 맛집을 찾아가서 맛있는 음식 먹을 때, 주말농장에서 작은 텃밭을 가꾸며 상추를 따서 삼겹살 구워 먹을 때, 여름휴가에 에어컨 켜놓고 집에서 재밌는 영화나 드라마를 밤새도록 볼 때, 인스타나 페이스북에 내가 찍은 사진이나 동영상을 올려 팔로우 받았을 때 등등.

바쁘고 지친 삶에 활력을 주는 일상의 소소하지만 확실한 행복, 이른바 '소확행'이 진정한 행복이 아닐까.

박시원과 사일와(四逸窩)

박시원(朴時源, 1764-1842)은 경상도 영주 출신의 관료이자 문인이다. 26세에 진사시에 합격하여 성균관에 들어갔으며, 35세에 문과에 급제하여 본격적으로 관직 생활을 시작하였다. 비록 판서나 정승 같은 고위직에 오르지는 못했으나 60세까지 병조 좌랑, 사헌부 지평, 이조 정랑, 사헌부 장령 등의 내직을 두루 역임하였다. 60세 이후로도 장령 · 헌납 · 지평 등에 제수되었으나 모두 사직하고 벼슬에 나아가지 않았다.

박시원은 고향으로 은퇴한 뒤에 텃밭에는 '일포(逸圃)', 집에는 '사일와(四逸窩)'라는 이름을 붙였다. 그러고는 자신의 삶을 반추하며 「사일와기」란 글을 지었다. '일포(逸圃)'는 '편안하고 즐거운 텃밭', '사일(四逸)'은 '네 가지 편안하게 즐기는 것' 정도의 뜻이다. 박시원이 말한 사일은 독서로 배고픔을 잊고, 술로 갈증을 풀고, 잠으로 피곤함을 풀고, 호미로 게으름을 일깨우는 것이다.

첫째 독서이다. 박시원은 젊어서 한창 글을 배우고 과거시험 공부에 매진할 때, 식음도 전폐할 정도로 독서에 매진하였다. 중년 이후 노년에 이르기까지 관직 생활을 하며 그런대로 독서를 하였으나 젊은 시절만큼 소득은 없었다. 독서는 마음의 양식이라고들 한다. 젊었을 때 열심히 책을 읽고 공부해야 한다는 의미를 담은 것이다.

박시원, 『일포집』(소수박물관 소장)

둘째 술이다. 예나 지금이나 사회생활의 스트레스를 풀어주는 것으로 술만 게 없다. 중국 송나라의 학자 소옹은 술을 '태화탕(太和湯)'이라 하였다. 태화탕은 한약의 하나로 속을 편안하게 해주는 효능이 있다고 한다. 박시원은 적절한 음주를 통해 사회생활에서 오는 스트레스를 다스렸다.

셋째 잠이다. 잠이 보약이란 말이 있다. 박시원이 오래도록 건강을 유지할 수 있었던 비결에는 적절한 수면이 한몫했다. 박시원은 심신의 피로를 풀기 위해서 적절한 수면을 중요하게 생각하였다.

넷째 농사이다. 조선시대 사대부는 독서인이자 정치인이었다. 사회적 신분과 역할이 애초부터 농사와는 거리가 멀었다. 박시원은 텃밭을 가꾸는 정도의 농사를 지었다. 요즘 퇴직하고 귀농해서 생업 반 취미 반으로 농사를 짓는 것과 비슷하다.

박시원은 10대부터 70대까지의 인생을 돌아보며, 인생의 즐거움이 독서 · 술 · 잠 · 농사에 있었다고 이야기하였다. 젊었을 때는 열심히 공부하고 중년에는 힘든 사회생활 속에서도 건강을 잘 유지하며 인생의 멋을 놓치지 말아야 한다. 은퇴한 후 노년에는 흙을 밟고 텃밭을 가꾸며 몸을 부지런히 놀리면 심신에 좋다. 박시원이 그러했듯이 바쁜 일상 속에서도 그때그때 나만의 행복을 찾아보면 어떨까.

사일와기

四逸窩記

박시원

반계자(蟠溪子, 박시원의 호)는 자신의 텃밭을 '일포(逸圃)'라 이름 짓고, 밭 옆에 있는 작은 집에 '사일와(四逸窩)'라는 현판을 달았다. 객이 이곳에 들러 반계자에게 물었다.

"그대의 텃밭은 '일(逸)'이 하나인데 집은 '일'을 넷으로 한 것은 어째서입니까?"

내가 대답했다.

"텃밭은 합쳐서 말한 것이요, 집은 나누어서 말한 것입니다. 내가 집에서 편안하게 즐기는 것은 네 가지가 있소. 책은 나의 배고픔을 잊게 하고, 술은 나의 갈증을 풀어주고, 잠은 나의 피곤함을 풀어주고, 호미질은 나의 게으름을 일깨웁니다. 이것이 이른바 네 가지 편안함, 곧 '사일(四逸)'이외다.

나는 열다섯에 경전과 역사서를 거칠게나마 다 읽었고 스무 살에 독서에 몰두하여 식음을 전폐할 정도였습니다. 그 후 4~5년 동안 과거 시험에 응시를 하였는데 그때마다 명성이 있었습니다. 스물여섯에 사마시에 합격하여 성균관에 들어갔으며 갑인년(1794, 정조 18) 여름에는 성균관의 비천당에서 책을 읽으며 주야로 독송을 하였습니다.

당시 우리 정조 임금께서 밝은 지혜로 모든 것을 비춰주실 때였습니다. 미천한 제가 글짓기와 경전에 뛰어나다고 하시며 특별히 급제를 내려 주시고 후한 상을 내려 주셨습니다. 이날 받은 성은은 모두 책을 많이 읽은 덕분이었습니다.

관직 생활에 들어선 이후로 그럭저럭 세월을 보내면서 그래도 『주자서』와 『통감강목』 등 여러 책을 섭렵하였습니다. 그런데 그때 대략 깨우친 것들을 지금은 모두 잊어버리고 말았습니다. 오직 옛날에 암송하였던 경전의 글귀만이 마음속에 여전히 남아 있습니다. 그래서 자손들이 과제로 경전을 독송하는 소리가 귀에 들리면 아직도 암송할 수 있습니다. 이를 통해 다 늙어서 책을 보는 것이 젊은 시절보다 못하다는 것을 알 수 있습니다.

사람이 아주 큰 상에 차려놓은 진수성찬을 배 터지게 먹더라도 하룻밤 지나고 나면 배가 텅 비는 법입니다. 이보다는 내가 책을 배 속 상자에 가득 채워두고 몇 해가 지나더라도 배불리 먹을 수 있게 하는 게 더 낫지 않겠습니까.

주자는 「지락재명(至樂齋銘)」에서 '내가 내 글을 읽으니 마치 병든 몸이 소생하는 것 같다.'라 하였습니다. 나는 가만히 이 의미를 취하여 '내가 내 글을 읽으니 마치 굶주린 자가 포식을 하는 것과 같다.'라 하겠습니다. 이것이 바로 내가 이른바 '책은 나의 배고픔을 잊게 한다.'라고 한 뜻입니다.

나는 어릴 적에 술을 마실 줄 몰랐습니다. 그러다 중간에 이곳저곳을 분주하게 돌아다니며 이따금 술로 목을 축이다 보니 술집 출입이 잦아졌습니다. 장성하여 혈기가 왕성해져서는 향교의 문주회(文酒會)에 참여하였는데 저에게 술잔이 오면 사양하지 않았습니다. 그러나 취해서 갓을 비딱하게 쓰거나 고함을 지르는 일은 없었습니다. 집이 가난하여 술을 늘 구할 수 있는 것은 아니었지만, 제사나 잔치로 술을 담갔을 때 술이 잘 익으면 날마다 두세 잔을 마시곤 하였습니다.

또 꽃이 핀 날이나 달이 뜬 저녁이면, 작은 술병 하나를 잡고는 붉은 꽃잎을 삼키고 밝은 달빛을 마시며 흥에 겨워 세속의 영욕 따위는 모두 잊어버렸습니다. 술에 얼근하게 취하여 소옹(邵雍)의 「안락와에서 술 한 단지」란 시를 암송하였습니다. 소옹이 술을 '태화탕(太和湯)'이라 불렀는데 참으로 취중의 멋을 얻었다 할 것입니다. 이것이 바로 내가 이른바 '술은 나의 갈증을 풀어준다.'라고 한 뜻입니다.

나는 천성이 게을러서 어려서부터 잠을 좋아하였습니다. 책을 읽을 때 졸음을 쫓느라 많이도 허벅지를 찌르고 세수를 하였습니다. 잠꾸러기 여몽정(呂蒙正)처럼 저는 과거에 급제하고 나서야 비로소 마음 놓고 잠을 잘 수 있었습니다. '이로써 과거의 갑과에 급제하였으니, 지금부터 코를 골며 달콤한 꿈나라로 가리라!'라는 시구를 늘 읊조렸는데, 이는 진정 농담으로 하는 말이 아닙니다.

집안에 작은 베게 하나가 있었습니다. 여름이면 바람 시원한 정자에서 베고 겨울이면 쇠죽을 끓인 온돌방에서 기대었습니다. 그러면 마음이 편안해져서 잠자고 싶은 생각이 굴뚝같았습니다. 지금은 다 늙어서 책을 끼고 있으면 오직 대자리를 펴고 누워 쉴 뿐입니다.

'한가하니 조용하지 않은 일이 없고, 잠을 깨니 동창에는 해가 이미 붉게 떴네.'라는 정명도(程明道)의 시구를 좋아해서, 잠자리에서 일어나면 이 구절을 두세 번 암송하지 않은 적이 없었습니다. 이것이 바로 내가 이른바 '잠은 나의 피곤을 풀어준다.'라고 한 뜻입니다.

나는 천성이 게으르고 농사에 서툴러서 쟁기와 보습, 가래와 호미 따위가 어떻게 생겼는지도 모릅니다. 그런데도 집에 작은 호미 하나를 마련해 두었습니다. 쇠붙이가 무겁지도 않고 자루가 길지도 않아 서툰 사람이 사용하기에 편했습니다.

매년 봄과 여름에 비가 내리려고 할 때면 호미를 들고 작은 텃밭으로 가서 너무 빽빽한 것은 성글게 옮겨 심고 뿌리가 약한 것은 흙을 두텁게 북돋워 주었습니다. 집안사람들은 모두 나를 비웃으며 뭐라 하였지만, 그나마 다행인 것은 싹이 잘 자라게 도와준다면서 싹을 뽑아 올려 죽이는 멍청한 짓을 하지 않는 것입니다.

그리하여 마침내 울타리에 심어 놓은 박은 말[斗]처럼 둥글고, 뜨락에 심어 놓은 해바라기는 양산처럼 잘 자랐습니다. 염교와 토란, 순무 등의 채소가 모두 쑥쑥 자라서 밥상에 올라 좋은 반찬거리가 되었습니다. 이 정도면 진짜 내 힘으로 농사지어 먹고 산다고 할 수 있을 것입니다.

옛날 도연명은 달빛 맞으며 호미를 메고 집으로 돌아왔습니다. 나는 빗물에 호미를 씻으니, 전원생활의 멋과 소탈함은 도연명과 같다고 할 것입니다. 이것이 바로 내가 이른바 '호미는 나의 게으름을 분발시킨다.'라고 한 뜻입니다.

이와 같으니 내가 사는 집에 '사일(四逸)'이라는 이름을 붙인 것이 참으로 마땅하지 않겠습니까."

객이 물었다.

"술과 잠은 특별히 일로써 하는 것이 아니니, 편안하다는 의미인 '일(逸)'이라 해도 괜찮습니다. 그러나 책을 읽고 호미질하는 것은 참으로 부지런히 해야 하고 또 힘이 드는 일입니다. 여기에 '일(逸)'이 어디에 있단 말이오?"

나는 웃으며 대답했다.

"이는 그대가 '일(逸)'이란 글자의 의미를 잘 알지 못해 그런 것입니다. 「주서(周書)」에 '덕을 행하면 마음이 편하다.'라는 말이 있고, 옛말에 '본성이 차분하면 감정이 편안하다.'라고 하였습니다. '일(逸)'은 밖으로부터 온 것이 아닙니다. 마음이 고요하면 편안할 수 있으니, 일로써 하느냐 하지 않느냐 따위를 어찌 논한단 말입니까.

옛날 유하혜(柳下惠)는 노(魯)나라에서 벼슬하며 세 번이나 사사(士師)가 되었으니, 필시 일을 하지 않은 사람이 아닙니다. 그런데도 공자는 유하혜를 '일민(逸民)'에 포함시켰습니다. 일(逸)이란 외부에서 갑자기 엄

습하여 취할 수 있는 것이 아니기 때문입니다. 나의 사일(四逸)은 이미 이와 같으니 비록 일을 하느라 어지럽고 시끄러운 때라도 나의 일(逸)은 참으로 태연자약합니다."

마침내 책상에서 책을 읽고 시렁에 호미를 걸고 술을 가져다 객을 마주하고 마셨다. 그러고는 "내 취하여 잠이 오니 그대는 가시구려!"라고 하였다. 객이 돌아가자 마침내 객과 나눈 대화 내용을 적어 기문으로 삼았다.

– 『일포집』권4

나 홀로 세상을 비웃다

안석경의 독소당(獨笑堂)

안석경

———

물고기는 깊은 물 속에서 즐겁게 헤엄치고 드넓은 바다 위로 뛰어 오른다. 또한 자기가 가고 싶은 곳을 향해 마음대로 헤엄친다. 속세의 밖에 살면서 속세를 홀로 비웃는다.

외롭지만 고고하게

우리 속담에 "모난 돌이 정 맞는다."라는 말이 있다. '정'은 쇠로 만든 연장인데 돌을 쪼거나 다듬는 데에 사용한다. 둥글둥글한 돌은 더 이상 다듬을 것이 없다. 그러나 여기저기 울퉁불퉁하고 뾰쪽뾰쪽한 돌은 석공이 정을 들고 망치로 내리치는 법이다.

　대개 이 속담은 성격이 평범하지 않아서 대인 관계가 원만하지 못하다거나 너무 뛰어나서 남에게 미움을 받기 쉽다는 의미로 쓰인다. 사람이 너무 강직하고 원칙을 고수하면 남들에게 공격을 받기 쉽다. 공격을 받지 않으려면 잘못이 눈에 보여도 대세를 따르며 둥글둥글하게 사는 게 좋다. 속된 말로 튀지 말고 적당히 사는 것이다. 그러나 다시금 생각해 보면 모난 사람이 문제가 아니라 원칙을 받아들이지 않는, 뛰어난 사람을 포용할 줄 모르는 주변 사람들이 더 문제가 아닐까.

　모난 사람은 외롭고 쓸쓸하기 마련이다. 당연히 출셋길도 막힐 것이고 경제적으로도 넉넉지 못한 생활을 하게 될 것이다. 더 힘든 것은 자신의 진심과 가치를 알아주는 사람이 없는 데서 오는 외로움이다. 가장 힘든 것은 원칙을 내려놓고 조금은 세상과 타협하며 살아도 되지 않느냐는 스스로의 유혹과 싸우는 것이다.

　하지만 결코 그럴 수 없다. 모든 사람이 '예!'라고 하더라도 자신만은 '아니다!'라고 해야 한다. 나는 외롭지만 고고한 존재라는 믿음을 가지고, 더러운 세상을 오시할 수 있는 배포와 용기가 있어야 한다.

　어찌 보면 세상은 이런 사람들 덕분에 아직 살만한 곳인지도 모른다. 한 사람이라도 원칙을 지켜야 잘못된 다수가 그 사람을 거울삼아 자신의 잘못을 안다. 한 사람이 두 사람이 되고 두 사람이 세 사람이 되고 그리하여 여러 사람이 된다면, 그만큼 사회는 좋아질 것이다.

안석경과 독소당(獨笑堂)

안석경(安錫儆, 1718-1774)은 조선 후기 서울 출신의 문인이다. 그는 과거시험에 합격하지 못했으며 벼슬을 하지도 못했다. 안석경은 서울 출신임에도 도시에서 사는 것을 좋아하지 않았고 벼슬에도 관심이 없었다. 그는 30대 중반까지 충주·홍천·제천·원주 등 아버지의 부임지를 따라다니며 생활하였다.

안석경은 아버지의 명에 따라 27세부터 과거시험에 응시하였으나 여러 차례 낙방하였다. 그러다가 35세에 아버지가 돌아가시자 더 이상 과거시험에 응시하지 않았다. 그 후 57세의 나이로 생을 마감할 때까지 두메산골인 강원도 횡성의 삽교에 은거하며 독서와 저술, 교육으로 인생을 보냈다.

지금도 횡성의 삽교리에 가보면 안석경이 살았던 집터가 남아 있는데 정말 산골이다. 서울에서 태어난 사람이 사람도 별로 살지 않은 강원도 두메산골로 들어간 걸 보면 안석경은 세상이 어지간히도 싫었던 모양이다.

안석경은 삽교에 살면서 자신의 거처에 '독소당(獨笑堂)'이란 이름을 붙였다. '독소(獨笑)'는 '홀로 비웃다.'라는 뜻이다. 그렇다면 안석경은 무엇을 홀로 비웃었던 것일까. 안석경이 비웃는 대상은 그저 부귀와 출세만을 좇는 세상 사람들이다. 그런데 안석경은 「독소당기」를 쓰면서 난데없이 물고기를 비웃는 이유를 장황하게 늘어놓았다.

첫째는 물고기들이 다채로운 비늘을 뽐내며 사람들이 구경해 주기를 바라는 것이다. 둘째는 물고기들이 크건 작건 모두 큰 먹이만 먹으려고 달려드는 것이다. 셋째는 물고기들이 자신이 처한 상황에 관계없이 다른 물고기가 가는 대로 떼 지어 따라다니는 것이다. 그러다가 통발이나 그물에 걸려 사람들에게 잡힌다. 이는 큰 바다에 사는 물고기들도 예외가 아니다.

안석경이 비웃은 물고기는 세속의 명예를 얻으려고 남에게 아부하고, 더 큰 이익을 얻기 위해 위험을 무릅 쓰며, 주체성 없이 남들이 하는 대로 따라가는 세상 사람들을 비유한다. 안석경은 마치 강과 바다에서 자유로이 헤엄치는 물고기처럼, 사람으로서의 본성을 지키며 자연 속에서 유유자적 삶을 살아가고자 하였다. 혼자라서 외롭지만 부귀와 이익을 좇는 세상 사람들을 고고하게 비웃으면서 말이다.

독소당기

獨笑堂記

안석경

　독소옹(獨笑翁)은 푸른 물결이 넘실대는 물가에 살며 늙어갔다. 거문고를 타고 책을 읽는 것을 즐거움으로 삼으며 세상사에는 관여하지 않았다. 삼십 년째 줄곧 능히 담박하게 지내는 것을 보니 아마도 나름의 방법을 가지고 있는 듯하였다. 독소옹은 이따금 '독소당(獨笑堂)'이라는 현판을 가리키며 나에게 기문을 지어달라고 요구하였다. 나는 웃으며 말했다.

　"과연 '독소(獨笑)'는 무엇을 비웃는다는 것이오? 아마도 인간 세상을 비웃는 게 아니겠소?"

　옹 역시 웃으며 대답했다.

　"나는 세상사에는 이목을 두고 있지 않소이다. 비웃을 만한 사람이 누군지도 모르는데 어찌 그렇게 할 수 있겠소이까. 세상에는 비웃을 대상이 없소이다. 늘 눈길을 두는 것은 물속의 물고기인지라 물고기의 가소로움을 비웃을 뿐이라오."

　내가 물었다.

　"왜 물고기를 비웃는 것이오?"

　옹이 웃으며 대답했다.

"이 세상의 모든 사물은 하늘에게 기(氣)를 받고 땅에게 형체를 받습니다. 따라서 형체와 기를 잘 기른다면 다른 것에 의지할 필요가 없으며 본연의 상태 그대로도 충분합니다. 물고기는 깊은 물 속에서 헤엄치며 진흙 따위를 먹으면서도 역시 잘 살아갈 수 있습니다. 어찌 주둥이를 쭉 내밀고 꼬리를 살랑거리며 사람들이 있는 물가에서 먹을 것을 구할 필요가 있겠습니까. 내 이것을 비웃는 것이라오.

물고기는 몸에 비늘을 지니고 있어서 때때로 예쁜 무늬를 만듭니다. 이 역시 하늘과 땅으로부터 받은 것입니다. 이미 아름다운 무늬를 이루어서 더 이상 바랄 것이 없으니 만족하고 그만 멈추어야 합니다. 그런데 어찌 은빛 비늘과 자줏빛 지느러미로 비단 같은 무늬를 만들고, 얕은 물가에서 빛깔을 자랑하며 사람들이 구경해 주기를 바란단 말입니까. 내 이것을 비웃는 것이라오.

하늘과 땅 사이에 있는 모든 것들은 제각기 분수에 맞게 누릴 것을 가지고 있는 법입니다. 분수에 넘는 이익을 가지려고 하면, 그것이 크건 작건 모두 해를 입게 됩니다. 물고기는 물에 떠다니는 청태나 말을 먹는데 갑자기 향긋한 먹이가 물에 떨어진다면 이는 분수에 넘는 것입니다. 그러므로 물고기 역시 의심하여 먹이를 흘겨보며 입을 꾹 다물고 작은 먹이를 먹으려고 하지 않습니다.

그런데 먹이가 조금이라도 크면 너나 할 것 없이 모두 뛰어올라 재빨리 먹이를 삼킵니다. 이는 한 번 배불리 먹기 위해서 제 몸과 목숨을 맞

바꾸는 것이 아니겠습니까. 나는 물고기가 탐욕에 빠져 자신의 본분을 잊는 것을 비웃는 것이라오.

만물에는 큰 것과 작은 것이 있는 것처럼 앞에 가는 것과 뒤에 따라가는 것이 있습니다. 형세 상 그렇게 될 수밖에 없는데 지혜로운 것과 어리석은 것을 어떻게 구분하겠습니까. 물고기들이 떼 지어 헤엄칠 때, 작은 것들은 반드시 큰 것들을 따라가고 뒤에 있는 것들은 앞에 있는 것들을 따라갑니다.

뒤에서 따라가는 것들은 앞에 어떠한 이로움과 해로움이 있을지 스스로 헤아리지 않고 오직 앞에 가는 것들을 믿고 따라갑니다. 어찌 이렇게 한단 말입니까. 나는 뒤에서 따라가는 어리석은 물고기들의 믿음이 믿을 만한 것이 못됨을 비웃는 것이라오.

안석경, 『삽교집』(일본 동양문고 소장)

뒤에 있는 물고기들이 앞을 따르고 작은 것들이 큰 것을 따르는 것은 그래도 괜찮습니다. 대가리와 몸통이 고만고만한 것들이 떼로 모여 있습니다. 그런데 수가 많으면 반드시 옳다 여기고 적으면 반드시 그르다 여깁니다. 이것이 무슨 이치란 말입니까. 일백 마리가 와와 하면 한 마리가 그쪽으로 가고 천 마리가 와와 하면 일백 마리가 그쪽으로 몰려갑니다.

떼로 몰려다니는 탓에 장애물을 피하려다가 통발로 들어갑니다. 물고기 떼 모는 것을 피하려다가 그물로 달려갑니다. 이렇게 하면서도 오직 몰려 있는 무리만 믿을 뿐 자기의 뜻에 따라 움직이질 못합니다. 이 역시 비웃을 만한 것이외다.

큰 바다에 사는 물고기 또한 예외가 아니라고 합니다. 고깃배가 사방을 둘러싸고 그물을 던져서 포위를 합니다. 그러면 수많은 물고기가 모여서 파닥파닥하는데, 마치 물건을 쌓아 놓은 듯하고 물이 끓는 듯합니다. 갈고리로 그물을 끌어올려서 한 말이나 되는 물통을 던져 물고기를 담는데, 마치 우물에서 물을 푸는 것 같다고 합니다.

위에 있는 물고기들만 그물에 잡히는 것을 겨우 볼 뿐이며, 아래에 있는 놈들은 그저 그물망 안으로 들어가려고 기를 씁니다. 수만 리나 되는 드넓은 바다에 헤엄치지 못할 곳이 어디 없겠습니까. 그런데 어찌하여 몰려다니는 물고기 떼를 따라가다가 무모하게 사지로 들어간단 말입니까. 어찌 떼를 지어 다니는 것을 반드시 옳다고 여겨서 오직 뒤처지지는 않을까 걱정한단 말입니까. 이는 더욱 비웃을 만한 것이외다."

나 역시 웃으며 말했다.

"그렇소이다. 그렇지만 물고기는 먹을 것을 찾다가 그물에 잡히고, 예쁜 무늬를 빛내다가 작살에 찔리며, 이익을 탐하다가 갈고리에 걸린 것입니다. 형세를 따라서 큰 것과 앞에 있는 것을 따라가고, 많은 것을 옳다고 여겨서 몰려 있는 무리를 따르다가 너나없이 통발과 그물로 들어간 것입니다. 드넓은 파도를 지척에 두고도 순식간에 살 곳을 잃어서 솥에서 삶아지고 도마 위에서 토막이 납니다. 이렇게 물고기들이 불쌍한데도 비웃을 수 있겠소이까."

옹은 한참 동안 이맛살을 찡그리다가 대답했다.

"이를 어찌 차마 비웃을 수 있겠소이까. 나는 그것들의 처지를 안타깝게 생각한다오."

나는 말했다.

"탁 트인 강과 드넓은 바다는 봄바람에 물결이 일렁이고 가을 달빛이 물속까지 맑게 비춥니다. 더러운 먼지도 침범하지 않고 낚시꾼도 이르지 않아 물고기는 깊은 물 속에서 즐겁게 헤엄치고 드넓은 물 위로 뛰어오릅니다. 산 그림자 비친 물에서 제멋대로 까불고 물결에 비치는 햇살을 호흡합니다. 만경 파도에서 편안하게 지내고 자기가 가고 싶은 곳을 향해 마음대로 헤엄칩니다. 옹은 이를 어떻게 생각합니까?"

옹은 흔연히 미소를 지으며 대답했다.

"물고기가 제 살 곳을 얻었구려! 제 살 곳을 얻었구려!"

나도 웃으며 일어나 말했다.

"옹은 물고기에 대해 비웃기도 하고 눈살을 찌푸리기도 하였는데, 눈살을 찌푸리는 게 비웃는 것보다는 적었소이다. 세속 밖에서 세속을 비웃는데 이를 함께 할 사람이 없습니다. 그러하니 '홀로 비웃다[獨笑]'라고 하면서 '독소'를 당의 이름으로 삼는 것이 마땅하다 할 것이오. 나 역시 이를 따라 기문을 짓는 것이 당연할 것이외다. 그러하니 어찌 따로 기문을 지을 필요가 있겠소이까. 청컨대 지금 우리가 나눈 대화를 써서 기문으로 삼고자 합니다."

- 『삽교집』 권4

구름이 산에 깃들듯

이하곤의 우운헌(寓雲軒)

이하곤

———

영광과 치욕, 이득과 상실, 칭찬과 비난 따위가 내 앞에서 어지럽게 변화한다. 그러나 장차 나는 이것들을 생겨났다 사라지는 저 뜬구름처럼 여기리라.

인생은 바람이고 구름인 것을

구름은 여러 가지 상징적 의미를 가지고 있다. "청운(靑雲)의 뜻을 품는다."라고 할 때는 높은 벼슬에 오르는 출세를 상징한다. '풍운아(風雲兒)'는 좋은 때를 만나 세상에 두각을 나타내는 사람을 말하는데, 구름이 하늘 높이 떠 있는 것과 연관된다.

또 구름은 변화무쌍함, 일정하지 않음을 상징한다. 일정한 형체를 가지고 있지 않기 때문에 손에 잡히지 않는 허상을 뜻하기도 한다. 공자는 일찍이 다음과 같이 말한 적이 있다.

거친 밥을 먹고 물을 마시며 팔을 굽혀 베고 눕더라도 즐거움이 참으로 이 가운데 있다. 의롭지 못한데 부귀하게 되는 것은 나에게 있어 뜬구름[浮雲]과 같도다.

－『논어』「술이」

가난함을 편안하게 여기고 인간의 바른 도를 추구하는, 안빈낙도(安貧樂道)의 삶을 말한 것이다. 국이나 반찬도 없이 겨우 거친 밥에 물만 먹고 산다. 베개도 없어서 그저 팔을 베개 삼아 잠을 잔다. 참으로 가난하고 열악한 환경이다.

그러나 정의롭지 못한 방법으로 부귀를 얻는 것은 '뜬구름'과 같다. 하늘에 떠 있는 구름처럼 잡히지도 않고 바람이 불면 흩어지거나 다른 곳으로 흘러가 버리고 말 뿐이다. 구름을 바라보며 그것을 잡으려 좇는 삶은 그 얼마나 허망한가.

이해인 시인은 인생을 바람과 구름에 비유하였다. 청춘도 인생도 바람과 구름처럼 한 번 왔다가 지나가 버리면 다시 오지 않기 때문이다. 그렇다고 인생이 바람과 구름처럼 허무하다는 말은 아니다. 우리의 삶이 불확실하고 변화무쌍하다는 것을 기꺼이 받아들이고, 쓸데없는 헛것에 우리의 청춘과 인생을 낭비하지 말자는 게 아니겠는가.

이하곤과 우운헌(寓雲軒)

이하곤(李夏坤, 1677-1724)은 조선 후기의 학자이자 문인이다. 스승은 대학자이자 문장가인 김창협이었고 당대의 뛰어난 시인 이병연 · 최창대 등과 교유하였다. 장인어른은 대제학을 지낸 송상기였다.

이하곤은 32세에 생원시와 진사시에 장원으로 합격하였다. 그러나 34세에 아버지가 돌아가시자 벼슬에 나갈 뜻을 접었다. 35세 때 충청도 진천의 금계로 낙향하여 아버지가 지었던 서재를 '만권루(萬卷樓)'라고 이름 붙였다. 그 이후 조정에서 몇 차례 벼슬을 내렸으나 모두 사양하고 여생을 독서하며 보냈다.

이하곤은 진천의 두타산 아래에 살았는데 두타산을 '남산'이라고도 불렀다. 이때 자신의 집에 '우운헌(寓雲軒)'이라는 이름을 붙였다. '우운'은 '구름을 깃들어 살게 하다.' 정도의 뜻이다. 두타산에 항상 흰 구름이 깃들어 있어서 이렇게 이름을 붙인 것이다.

그런데 구름을 집이라는 공간 속에 깃들게 한다는 것은 어리석은 짓이다. 구름은 일정한 형체가 없이 갑자기 생겨났다가 또 갑자기 사라진다. 이런 구름을 사람의 힘으로 결코 잡아맬 수 없다. 그런데도 이 구름을 자신의 소유로 하여 곁에 두고 보겠다는 것은 얼마나 어리석은 짓인가.

더욱이 인간이라는 존재는 천지에 잠시 깃들었다 사라지는 존재이다. 유한한 존재로서의 인간, 그러면서도 소유에 집착하는 인간에 대한 회의가 엿보인다. 이러한 회의는 인생의 무상함에 대한 자각을 동반하기 마련이다. 그러나 이하곤은 인간의 삶에 대한 부정을 통해 대긍정으로 나아갔다.

이를 깨닫는다면 세속의 영욕과 득실 따위가 그저 뜬구름과 같을 뿐이다. 인생이 뜬구름과 같다면 하루하루 자신의 삶을 충실하게 살면 그뿐이다. '우운'이라는 재호에는 세속적 영리에 초탈하여 책을 읽고 산수를 즐기며 내가 행복한 삶을 살겠다는 이하곤의 인생 지향이 담겨 있는 것이다.

우운헌기

寓雲軒記

이하곤

　'우운헌(寓雲軒)'은 이자(李子, 이하곤의 자칭)가 우거하고 있는 집의 이름이다. 누가 이름을 지었는가? 이자 자신이 이름을 붙인 것이다. 이자 자신이 이름을 붙였는데 '우운'이라 이름 지은 이유는 무엇인가?

　이자의 집은 남산의 아래에 있는데 늘 흰 구름이 산마루에 깃들어 있다. 아침저녁으로 구름이 모였다가 흩어지는 모습을 집에 앉아서 맘껏 감상할 수 있다. 이자는 이 광경을 매우 좋아하였다. 구름이 산에 깃든 모습이 자신이 집에 깃들어 사는 것과 비슷하다 여겼다. 이에 드디어 집 이름을 '우운'이라 한 것이다.

　이윽고 이자가 웃으며 말하였다.

　심하구나, 나의 망령됨이여! 내 어찌 이 거처에 혼자 깃들어 있을 뿐이겠는가. 지금 나의 정신은 기운에 깃들어 있고 기운은 형체에 깃들어 있으며 형체는 천하에 깃들어 있다. 문득 모였다가 문득 흩어져서 위대한 자연의 조화 속에서 부침하며 오르내릴 뿐이다. 그런데도 내가 이 형체를 나의 소유로 여기고 이 집을 깃들어 사는 곳이라고 여긴다면, 이는 망령된 것이 아니겠는가.

　또 저 구름이라는 것은 하루 종일 거대한 허공을 떠다니면서 저절로 오가며 순식간에 모양을 바꾼다. 위협한다 해서 매어둘 수도 없고 힘으로 묶어둘 수도 없다. 내가 내심 구름과 함께 깃들어 살기를 바라면서 구름을 가지고 놀 물건으로 여긴다면, 이 또한 망령된 것이 아니겠는가.

이인문, 「하경산수도」(개인 소장)

그러나 나는 이를 통해 크게 깨달았다. 나는 장차 내 몸을 뱀의 발이나 매미 허물처럼 여기고, 이 세상을 잠시 머무는 나그네의 여관으로 여기리라. 장차 나는 영광과 치욕, 이득과 상실, 칭찬과 비난, 이익과 해악 따위가 내 앞에서 어지럽게 수만 가지로 변화하는 것을 저 구름이 일어났다 사라지는 것처럼 여기리라. 이렇게 된다면 저 구름이 일어났다 사라지는 것을 내 가슴속에 어찌 기꺼이 담아두겠는가.

아! 사람들은 내 몸이 과연 여기에 깃들어 있음을 아는가. 내가 과연 영광과 치욕, 이득과 상실, 칭찬과 비난, 이익과 해악 따위를 저 구름처럼 여기는 것을 아는가. 나만 홀로 알고 남들은 미처 알지 못하는가. 남들이 또한 그들이 아는 것을 앎이라 여기고, 나를 앎이 없는 자라고 여기는가.

그러나 만약 영광과 치욕, 이득과 상실, 칭찬과 비난, 이익과 해악 따위가 모두 구름이 된다는 것을 안다면, 내 몸이 이곳에 깃들어 있음을 알 것이다. 만약 내 몸이 세상에 깃들어 있음을 안다면, 또한 내가 한 말이 뭔가에 깃들어 있는 게 아님을 알 수 있으리라!

-『두타초』책16

제5부

서재,
나만의 소우주

책을 타고 멀티버스로 | 이종휘의 함해당(函海堂)

작은 초가, 한 권의 책 | 김약련의 두암(斗庵)

똥과 오줌에도 도가 있다 | 서유구의 자연경실(自然經室)

메타버스 도서관 | 홍길주의 표롱각(縹礱閣)

책을 타고 멀티버스로

이종휘의 함해당(涵海堂)

이종휘

———

동래에서 본 바다는 넓지만 거대한 바다 중 하나일 뿐이다. 그러나 내 작은 서재는 책을 통해 사방천지의 공간과 아주 먼 고대의 시간까지 담을 수 있다. 책은 더할 수 없이 큰 것이 아니겠는가.

책, 지식의 바다로

10년 전쯤에 〈응답하라 1994〉란 드라마가 화제를 모았다. 1994년을 배경으로 하는 드라마였는데 1990년대 아날로그에서 디지털 시대로의 변화를 잘 그려내었다. 우리나라에서 인터넷이 일반화된 것은 1990년

중반이다. 개인 컴퓨터가 널리 보급되고 인터넷 서비스가 대중화되었다. 포털사이트가 생겨나고 이메일 아이디를 앞다투어 만들었다.

지금 구글 · 네이버 · 다음 등과 같은 포털사이트에는 다양한 정보가 넘쳐났다. 각종 정보를 얻으려고 포털사이트를 검색하는 게 일상화되었다. 모르는 게 있으면 '네박사'('네이버 지식백과'의 속칭)에게 물어보라는 말이 나올 정도다.

대규모의 데이터 축적과 디지털 아카이브의 구축으로, 지식정보의 생산과 유통 방식이 송두리째 바뀌고 있다. 그야말로 인류의 모든 지식정보가 인터넷 웹 속에 다 들어 있다. 지금도 끊임없이 생산되고 축적되고 있다. 그야말로 방구석에 앉아 손가락만 까딱하면, 모든 것이 가능한 시대가 되고 있다. 무한한 정보의 바다로 접속하는 것이다.

인류의 역사를 돌이켜 보면 지식정보의 보고는 단연 책이었다. 오늘날과 같은 디지털 시대에도 양질의 지식을 탐구하고 인생을 깊이 있게 고민하는 데에 책은 여전히 유효하다. 지식은 책을 통해 기록되고 유통되고 후대에 전해진다.

우리는 책을 통해 몇천 년 전의 현자를 만나고 이야기를 나눈다. 나아가 책을 통해 먼 미래의 독자에게 메시지를 남길 수 있다. 그야말로 책은 시공의 경계를 넘나들며 자유롭게 유영할 수 있는 지식의 멀티버스인 것이다.

이종휘와 함해당(涵海堂)

이종휘(李種徽, 1731-1797)는 상당히 늦은 41세가 되어서야 진사시에 합격하였다. 이후 관직은 옥과 현감이나 공주 판관 등의 지방관을 역임한 것이 전부이다. 이종휘는 거의 평생을 서울에서 책을 읽고 저술을 하며 지냈다.

함해당(涵海堂)은 이종휘가 서울의 남촌에 세 들어 살 때 책을 읽던 서재의 이름이다. '함해(涵海)'는 '바닷물에 푹 젖는다.'는 뜻이다. 그런데 서재의 위치는 바다와 거리도 먼데다 달팽이집처럼 크기도 작다. 이름과 실질이 부합되지 않는다.

함해당은 공간이 협소하여 손님을 들일 자리가 없다. 게다가 이종휘는 우울증이 있어서 사람을 만날 처지도 못 되었다. 아침저녁으로 잠깐씩 햇볕이 드는 좁은 방안에서 책을 읽으며 우울증을 달랠 뿐이었다. 함해당은 그야말로 이종휘가 오롯이 혼자 지내는 방이다.

그럼 왜 재호를 '함해'라 한 것인가. 이는 실제로 있는 것을 표현한 것이 아니라 바다를 상상하며 붙인 것이다. 이종휘는 22세 때 경상도 창녕으로 부임하는 아버지를 따라가서 동래의 몰운대에 올라 드넓은 바다를 본 적이 있었다. 몰운대는 바다 쪽으로 돌출된 지점에 있어서 드넓게 펼쳐진 하늘과 바다를 한 번에 조망할 수 있었다. 마음속에 쌓였던 근심은 파도에 부서지는 포말처럼 사라져버렸다.

이종휘는 함해당에서 책을 읽을 때 몰운대에서 바다를 본 것과 같은 기분을 느꼈다. 서울 남촌에 있는 작은 서재는 몰운대의 드넓은 바다요, 책을 읽는 것은 바다를 호쾌하게 바라보는 것이었다. 이종휘에게 함해당은 독서의 즐거움과 정신적 위안을 주는 공간이었다.

이종휘는 여기서 한 단계 더 나갔다. 이종휘가 동래의 몰운대에서 본 바다는 전체 바다의 극히 일부이다. 진정 드넓은 바다는 눈으로 보는 실제 바다가 아니라 책 속에 있었다. 그리하여 이종휘는 독서를 통해 시간과 공간을 초월한 무한한 지식의 바다로 들어가서 유영하였다. 이종휘는 서울 남촌에 있는 함해당이랑 작은 서재에 앉아 책을 통해 무한한 지식의 바다로 들어간 것이다.

함해당기

涵海堂記

이종휘

 '함해(涵海)'는 내 서재의 이름이다. 내가 세 들어 사는 서울 남촌의 집은 겨우 여덟아홉 칸밖에 안 된다. 집 주변에 있는 자투리땅도 겨우 네댓 묘(畝)정도이다. 그야말로 달팽이집이나 게딱지집이라 할 수 있다. 집 가운데 한 칸을 터서 띠로 지붕을 덮었는데 이곳이 곧 함해당(涵海堂)이다.

조희룡, 「매화서옥도」
(간송미술관 소장)

 내가 사는 집은 바다와 수백 리나 떨어져 있다. 그런데 어찌하여 '함해'라는 이름을 붙였는가. 실제로 있는 것이 아니라 상상한 것을 이름으로 붙였다. 상상한 것이란 무엇을 말하는가.

 나는 서재 안에서 책을 읽는다. 책과 붓과 벼루 외에는 손님이 앉을 방석 하나 둘 데도 없다. 동서로 지게문이 하나씩 있어서 아침저녁으로 햇살을 맞이하고 보낼 뿐이다. 게다가 나는 우울증이 있는데 병세를 감당하기 어려운 지경이다. 병이 도질 때면 눈을 감고 가만히 누워서 평생 겪었던 일을 떠올려 본다. 이 서재는 내가 참선하는 데에 도움이 된다.

예전 영남을 유람할 때 동래의 해운대와 몰운대에 오른 적이 있었다. 몰운대는 지대가 바다로 돌출되어 있어서 양쪽으로 드넓은 바다를 끼고 있었다. 또 높이가 겨우 수 길에 지나지 않았다. 파도가 언덕을 때리며 굉음을 내기 때문에 말이 겁먹어 전진하지 못하고 뒷걸음쳤다.

몇 백 보를 가면 땅이 끝나고 비로소 하늘과 바다가 끝없이 펼쳐졌다. 이윽고 해가 바다로 들어가는데 남은 햇살이 부서지는 금가루처럼 사방으로 퍼졌다. 드넓은 바다에 거센 바람이 불어와 쏴쏴 파도 소리가 요란하고 부서진 파도가 허공에 날렸다. 마치 비가 내리며 천둥이 치는 것처럼 순식간에 바다를 뒤흔들었다. 나는 마음이 상쾌해져서 근심이 싹 사라졌다.

몰운대에서 돌아와 대포진의 객사에서 휴식을 취하였다. 조금 있으니 달이 떠올랐다. 바다는 거울처럼 깨끗하였고 평온한 바다 너머 저 멀리 대마도가 보였다. 마치 잘 차려놓은 잔칫상 같았다. 그야말로 장관이었다.

나는 마음으로는 이 장관을 떠올리고 눈으로는 내 방을 본다. 이렇게 한참을 있다 보면 방의 네 벽에서 파도가 일어나는 것이 보인다. 마치 바다를 그려놓은 벽지를 발라놓은 것 같다. 이러면 저절로 마음이 탁 트이고 정신이 상쾌해져서 내가 좁은 방 안에 있다는 사실조차 잊게 된다.

자리에서 일어나 책을 마주하면 막힘이 없이 쾌활하게 읽혀서 마치 내 마음이 바다와 함께 푹 젖는 듯하다. 그러하니 예전에 보았던 몰운대가 지금의 내 서재가 되지 않겠는가. 지금 내가 사는 달팽이집처럼 작은 집이 어찌 예전의 드넓은 바다가 아니겠는가. '서재가 바닷물에 푹 젖는다.'라는 의미에서 '함해'라고 이름을 붙였다. 엉터리가 아니며 참으로 괜찮지 않은가.

나는 여기서 더 나아가 또 다음과 같이 생각해 보았다. 저 동래의 바다는 내 눈에는 매우 거대하지만 불과 천 리를 넘지 않는다. 서쪽으로는 금산(錦山)·미라도(彌羅島)에 막혀 있고 동쪽으로는 대마도가 가리고 있다. 남쪽 바다에는 섬들과 안개와 구름이 아득히 보인다. 따라서 몰운대에서 본 바다는 바다 중에서도 작은 것이다.

그러나 나는 서재에서 책을 통해서 동서남북과 위아래, 우주와 고금에 이르기까지 뻗어나갈 수 있다. 내 작은 서재에는 사방천지의 드넓은 공간과 아주 먼 고대의 시간까지 담을 수 있다. 그러하니 추연(鄒衍)이 말한 바 세상 밖에 훨씬 더 큰 세상이 있다는 구주(九州)조차 책에서 벗어날 수 없다. 책의 크기는 더할 수 없이 큰 것이 아니겠는가.

바람을 타고 구만 리 장천을 날아오르는 커다란 붕새와 겨우 몇 자를 날아오르는 작은 메추라기를 견주어보자. 소요한다는 측면에서 보면, 커다란 붕새나 작은 메추라기나 매한가지이다. 그러나 삼불후(三不朽) 중에서 최상의 것은 덕을 확립하는 것이고 그 다음은 훌륭한 글을 남기는 것이다. 내가 바다를 본 것으로부터 도랑을 크게 넓혀 나가 끝없는 바다에까지 이른다면 무엇이 이에 견줄 수 있겠는가.

- 『수산집』 권3

작은 초가, 한 권의 책

김약련의 두암(斗庵)

김약련

———

　방 가운데 책 한 권을 펼쳐 놓았는데 책의 상하좌우에 객들의 무릎이 닿았다. 주인이 큰 소리로 책을 읽고 객들은 책을 응시한다. 하루 종일 이렇게 하여도 누구 하나 태만한 사람이 없다.

오직 독서뿐

　흔히 조선시대 양반을 '사대부(士大夫)'라고 부른다. 사대부는 '사(士)'와 '대부(大夫)'가 합쳐진 말이다. 연암 박지원은 「양반전」에서 "책을 읽으면 사요, 정사를 펼치면 대부요, 덕이 있으면 군자다."라고 하였다.

조선시대 양반은 성현의 글을 읽으며 열심히 공부하고, 관직에 진출하여 공부한 것을 정사에 펼치는 것이 기본이었다. 덕행을 갖춘 도덕군자가 되면 더욱 존경받았다. 대개 사를 기본에 두고 벼슬에 나가면 대부, 벼슬을 그만두고 은거하면 군자가 되는 식이다.

그러나 대부나 군자가 되지 못하는 경우가 허다하였다. 군자는 훌륭한 덕행이 있어야 하니 쉽게 될 수 있는 게 아니다. 그러나 대부가 못 되는 데에는 여러 가지 이유가 있다. 능력이 없어 벼슬에 나가지 못하는 경우, 벼슬에 나갔지만 쫓겨난 경우, 그리고 자발적으로 벼슬을 버리고 은거를 택하는 경우 등이다.

비록 대부와 군자가 못 되더라도 사로서의 존재 가치를 인정받으려면 독서를 멈춰서는 안 된다. 박지원의 「허생전」 첫머리를 보면, 책을 읽던 허생이 아내에게 꾸지람을 듣는 장면이 나온다. 허생의 집은 생계를 이어가기 어려울 정도로 가난하였다. 그러나 허생은 생계를 돌보지 않고 오직 책만 읽었다. 독서는 대부도 군자도 되지 못한 양반이 선비로 인정받기 위해 지켜야 할 마지막 보루였기 때문이다.

더 중요한 이유는 대부가 되어 정사를 펼치든, 군자가 되어 덕행을 실천하든, 그것은 모두 성현이 남긴 경전과 역사를 열심히 공부한 토대 위에서 가능했기 때문이다. 그래서 벼슬에서 물러나 있을 때도 대부와 군자를 지향하며 끊임없이 독서에 열중했던 것이다. 예나 지금이나 지혜로운 사람이 되는 기본은 오직 독서뿐이다!

김약련과 두암(斗庵)

김약련(金若鍊, 1730-1802)은 경상도 영주 출신의 관료이자 학자이다. 그는 줄곧 고향인 영주에서 글을 읽고 공부하였다. 20대 중반부터 과거시험을 보았으나 번번이 낙방하였다. 이후 45세인 1774년(영조 50)이 되어서야 생원시와 문과에 연달아 급제하였고, 승문원 주서를 역임하며 본격적으로 벼슬을 시작하였다.

그로부터 2년 뒤인 1776년에 정조가 즉위하였는데, 영남 유생 이응원이 사도세자의 억울한 죽음을 상소하였다가 국문을 당하는 사건이 발생하였다. 김약련은 이응원의 진술서에 연루되어 대간의 탄핵을 받아 유배되었다. 이듬해 정조의 특명으로 유배에서 풀려나 고향으로 돌아왔다. 이후 16년 동안 등용되지 못하여 독서에 매진하였다.

김약련, 『두암집』(국립중앙도서관 소장)

두암(斗庵)은 김약련이 낙향한 후 제자들을 가르치던 서재이다. '두암'이라는 재호는 '두암(斗巖)'이라는 마을 이름에서 따온 것이다. 마을 이름을 두암이라 한 것은 뒷동산에 말[斗]을 쌓아놓은 모양의 바위가 있었기 때문이다.

'두(斗)'는 한 말, 두 말 할 때 쓰는 용량의 단위인데 매우 좁은 방을 가리키는 말로도 쓰인다. 김약련은 지명과 좁은 방이라는 의미를 모두 취하였다. 밖에서 보면 집이 두암 바위처럼 생겼고 안으로 들어와 보면 크기가 매우 작았기 때문이다.

두암은 주인이 팔과 다리를 뻗지 않아야 손님 네댓 사람이 겨우 앉을 수 있을 정도로 좁았다. 좁은 방 한 가운데에 서책 하나를 펼쳐놓고 책을 중심으로 주인과 공부하러 온 사람들이 빽빽하게 둘러앉았다. 점심때가 되면 책 대신에 큰 소반을 놓고 사람 수대로 그릇을 올려놓고는 아내가 마련한 소찬을 먹었다. 그런 다음 다시 오전과 같이 책을 읽으며 강론을 펼쳤다.

이러한 일상이 매일 반복되었는데 김약연은 이러한 광경을 "말[斗]에 물건을 넣어 양을 제는 것 같았다."라고 표현하였다. '말'은 두암이고 '물건'은 두암에 공부하러 찾아오는 사람들을 말한다. 서재에 '두(斗)'라는 이름을 붙인 것은 적절했다 할 만하다.

「두암기」의 전문은 원문으로 보면 306자이다. 200자 원고지 1.5매에 불과하다. 김약련은 장황한 논설 없이 두암에서 벌어지는 일상을 간결

하면서도 구체적으로 보여주었다. 김약련과 학우들이 매일 두암에서 독서와 공부에 열중하는 일상을 글의 분량과 서술 방식을 통해서도 여실히 드러낸 것이다.

두암기

斗庵記

김약련

서재 이름을 '두암(斗庵)'이라고 지은 것은 살고 있는 마을의 이름에서 따온 것이다. 마을 위쪽에 우뚝한 바위가 있는데 바위 위에 또 바위가 겹쳐 있다. 이 바위 모양이 마치 말[斗]과 같아서 마을 사람들이 '두암(斗巖)'이라 불렀다.

바위 아래로 1리쯤 떨어진 곳에 내 서재가 있다. 밖에 서서 서재를 보면 그 모양이 마치 두암 같고, 안으로 들어가 보면 방 크기가 한 말[斗]밖에 안 될 정도로 작았다.

주인이 벽에 붙어서 앉되 팔과 다리를 뻗지 않으면, 주인 외에도 네댓 사람은 앉을 수 있다. 객이 오면 주인이 서재 안으로 맞아 모두 벽에 빙 둘러 무릎을 맞대고 앉는다. 그러고는 방 가운데에 책 한 권을 펼쳐 놓았는데 책의 상하좌우에 모두 각자의 무릎이 맞닿았다. 주인은 큰 소리로 책을 읽고 여러 객들은 눈을 모아 책을 응시하였다. 종일토록 이렇게 하여도 어느 누구 하나 태만한 사람이 없었다. 이 초가가 작은 데에는 이유가 있으니 도량이 좁은 주인의 몰골 때문이다.

해가 중천에 뜨면 주인의 아내가 나물 반찬으로 식사를 마련하고 주인은 즉시 책을 덮어 서가에 올려놓았다. 그러고는 가운데 다시 큰 소반을 펼치고 주인과 객의 수를 헤아려 그릇을 빙 둘러놓고 밥을 먹었다. 밥상을 물리면 다시 전처럼 글을 읽다가 날이 저물면 객들이 흩어져 집으로 돌아갔다.

밤이 되어 함께 자지 못하는 이유는 방이 작아서 공간이 부족하였기 때문이다. 객들이 날마다 아침에 초가로 들어왔다가 저녁이 되면 나갔다. 마치 말에 물건을 넣어서 양이 얼마나 되는지 재는 것 같았다.

주인이 말했다.

"초가가 비록 작으나 나의 두 무릎, 손님 다섯 사람, 책 한 권은 들어갈 수 있다. 내 어찌 초가가 작다고 하여 큰 서까래가 있는 다른 사람들의 높다란 집을 바라겠는가."

어떤 이가 물었다.

"집이 말처럼 작더라도 그대의 몸은 수용할 수 있습니다. 그러나 그대가 품은 뜻 역시 수용할 수 있겠소이까?"

주인이 웃으며 대답하였다.

"성인이신 공자는 태산(泰山)에 올라 천하를 작게 여기셨습니다. 또한 나물밥을 먹고 팔을 굽혀 베고 자더라도 즐겁게 지내셨습니다. 하물며 나처럼 한 말 정도의 작은 뜻을 지닌 자는 더 말할 필요가 있겠소이까. 이 집은 나에게 널찍한 공간이니 걱정할 게 없소이다."

이 이야기를 적어 집을 찾아온 객들에게 보여주었다.

- 『두암집』 권4

초가가 비록 작으나 나의 두 무릎, 손님 다섯 사람,

책 한 권은 들어갈 수 있다. 내 어찌 초가가 작다고 하여

큰 서까래가 있는 다른 사람들의 높다란 집을 바라겠는가.

똥과 오줌에도 도가 있다

서유구의 자연경실(自然經室)

서유구

————

　도가 있는 곳이 곧 경전이 있는 곳이다. 도는 다채로워서 하지 않은 것이 없으며 은미하여 깃들지 않는 곳이 없다. 그러하니 도는 기와나 벽돌에도 있고 똥과 오줌에도 있는 것이다.

만물이 모두 책이다

　도서관을 뜻하는 영어의 '라이브러리(Library)'는 중세의 라틴어 '리브라리아(libraria)'에서 유래하였는데, 책이나 기록물을 보관하는 장소를 가리킨다. 그런데 인류의 역사를 보면 도서관에는 꼭 문서나 책만 있었던 것은 아니다.

'도서(圖書)'는 '그림 도(圖)'와 '글 서(書)' 두 글자가 합쳐진 말이다. 글자 그대로 풀이하면 '그림'과 '글'이란 뜻이다. 도서관에는 책뿐만 아니라 그림도 보관하였던 것이다. 단적으로 조선시대 의궤가 그런 경우이다. 의궤는 국가에서 대사를 치를 때 그 일의 처음부터 끝까지를 자세하게 기록한 것을 말한다. 의궤에는 그림이 함께 수록되어 있다. 요즘 사진이나 영상 자료를 남기듯이 말이다.

동서양을 막론하고 도서관은 지식과 정보의 저장소 역할을 하였다. 그런데 요즘 도서관은 책뿐만 아니라 오디오나 비디오 자료 등도 소장하고 있다. 심지어 디지털화된 다양한 정보 데이터를 축적하고 활용하기도 한다. 그래서 이름을 '도서관'에서 '학술정보관'으로 바꾼 곳도 많다.

이처럼 지식정보는 꼭 책 속에만 있는 것은 아니다. 여전히 책이 중심이긴 하지만 다양한 형태와 방식으로 확장되고 있다. 인터넷 포털사이트에는 동서고금의 방대한 지식이 넘쳐난다. 컴퓨터나 모바일 기기 등을 이용하여 문자, 이미지, 영상 등 다양한 자료를 손쉽게 확인할 수 있다. 심지어 챗GPT처럼 생성형 인공지능을 통해 정보를 얻고 새로운 지식을 창출하는 것도 가능하다.

우리는 지금 책과 책 아닌 것, 현실과 가상, 온라인과 오프라인, 모든 것의 경계가 허물어지는 시대에 살고 있다. 어찌 보면 이 세계 자체가 지식의 창고이자 도서관이 아니겠는가. 공부는 도서관에서만 하는 것이 아

니다. 우리가 일상생활에서 접하는 하찮은 것이라도 모두 공부의 대상이
고 우리 삶의 지침이 될 수 있는 것이다.

서유구와 자연경실(自然經室)

서유구(徐有榘, 1764-1845)는 조선 후기의 실학자이자 문인이다. 할
아버지는 대제학을 지낸 서명응이고 아버지는 이조판서 서호수이다. 서
유구 집안은 대대로 박학과 이용후생의 실학을 추구하였다. 서유구는 특
히 농학(農學)에 조예가 깊었는데『임원경제지(林園經濟志)』라는 뛰어난
농학서를 저술하기도 하였다.

서유구 집안의 박학과 실학은 방대한 도서의 수집과 소장에 기반한 것
이었다. 서유구의 삼촌인 서형수는 필유당(必有堂)이란 서재를 마련하고
여기에 대규모의 서적을 소장하였다. '필유(必有)'라는 재호는 '후손 중
에 반드시 학문을 좋아하는 자가 있을 것이다.'라는 기대를 담아 지은 것
이다. 서형수는 후손들이 필유당에 소장되어 있는 책을 열심히 공부하여
큰 학자가 되기를 바란 것이다.

서유구 역시 서형수처럼 많은 도서를 소장하고 박학과 실학을 추구하
였다. 서유구는 서울 용산에 살던 20대 초반부터 도서를 수집하는 데에
열의를 보였다. 많은 서적을 모아 장서실을 짓고 '풍석암(楓石庵)'이라는
이름을 붙였다. '풍석'은 전설에 창힐이 한자를 만들었다는 곳이다. 한자
가 창힐에게서 비롯되어 있으니 한자로 기록된 모든 서적은 창힐의 유산
인 셈이다. 곧 재호인 '풍석'은 책 그 자체를 의미한다.

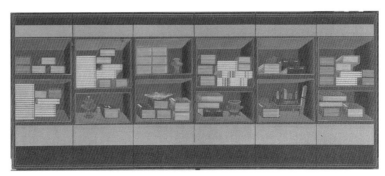

책가도 병풍(국립고궁박물관 소장)

'자연경실(自然經室)'은 서유구가 만년에 번계(樊溪, 지금의 서울 번동 일대)에 마련한 서재이다. 서유구는 「자연경실기」에서 독서와 지식에 관한 확장된 시각을 보여준다.

서유구는 「자연경실기」에서 자연경실의 구조와 방 안에 놓여 있는 물건들을 빠짐없이 언급하였다. 특히 나무병풍에 새겨진 원앙새의 모습을 세세하게 묘사하였다. '자연경실'이 서재이기 때문에 방 안의 물건 중에 당연히 책이 중심이다. 그 외 병풍과 궤연, 꽃병과 꽃, 벼루와 오래된 솥 등은 독서의 운치를 도와주는 보조적인 것들이다.

그렇다고 이 물건들이 책에 비해 가치가 떨어지는 것은 결코 아니다. 서유구는 아무리 하찮은 것이라 할지라도 이 세상 모든 것에는 도가 깃들어 있다고 생각하였다. 이것이 서유구가 생각하는 '자연경'이다. 자신의 서재 안에 있는 병풍과 평상, 꽃병과 조화, 벼루와 오래된 솥 등이 모두 '자연경' 그 자체가 된다.

서유구의 세계관으로 보면 도가 깃들어 있는 것은 모두 책이다. 도는 심지어 기와와 벽돌, 오줌과 똥 따위에도 깃들어 있다. 그러므로 서유구는 유교 경전 이외에 농학과 같은 다양한 학문을 추구하였고 독서 이외의 다양한 경험을 학문 탐구의 중요한 활동으로 보았다. 이 세상의 모든 것이 책이 될 수 있는 것이다.

자연경실기

自然經室記

서유구

　번계(樊溪, 지금의 서울 번동 일대)의 왼편으로 담장에 가려진 집 하나가 있다. 창을 내고 벽을 이중으로 세워 깊이 숨겨져 있는 것이 마치 신주를 모셔 두는 감실 같았다. 이곳은 풍석자(楓石子, 서유구의 호)가 거처하며 책을 읽는 곳이다. 집의 규모는 몇 칸 되지 않는데 서책과 책 상자가 방을 반이나 차지하고 있다.

　방 가운데에 작은 책상 하나를 놓았고 그 뒤에는 그림을 새겨 놓은 나무 병풍을 둘렀다. 병풍의 높이는 석 자 남짓이다. 병풍에는 주름진 산봉우리가 높이 솟아 있고 그 아래에 얕은 물이 고여 있는 못을 그린 그림이 있었다. 거기에 원앙새 두 마리가 있는데 하나는 물에 떠 있고 하나는 물결을 스쳐 지나간다. 부리와 털 뿔, 깃털, 발톱을 하나하나 가리킬 수 있을 정도로 세밀하였다.

　책상 모퉁이에는 밀랍으로 만든 조화를 꽂은 꽃병 두 개를 두었다. 그 밖에는 벼루 · 궤안 · 정이(鼎彝, 솥과 술잔) 등을 대략 구비하였다. 그런대로 책의 운치를 도울 정도이며 모든 것이 구비되기를 구하지는 않았다. 그러하니 벼루 · 궤안 · 정이 또한 책과 같다고 하겠다. 이에 지리지에 나오는 "소실산(少室山)에 자연(自然)의 경서(經書)가 있다."는 말을 취하여 '자연경실(自然經室)'이라 써서 문미에 걸었다.

어떤 객이 재호의 의미에 대해 따져 물었다.

"아, 허언이 지나치구려! 심한 허언이라 하더라도, 어찌 기문을 지어서 '자연경'이라고 이름 붙인 이유에 대해 설명하지 않는 것이오?"

풍석자가 말했다.

"나는 이미 기문을 지었는데 그대는 보지 못했소?"

"아직 보지 못했소이다."

풍석자는 앞에 진열된 병풍과 평상, 꽃병과 조화, 벼루와 정이를 가리키며 말했다.

"이것이 나의 기문이라오."

객이 눈을 휘둥그레 뜨고 물었다.

"무슨 말이오?"

이에 되려 풍석자가 물었다.

"그대가 내 방으로 들어와서 비자나무 병풍을 보았을 때 어떠하더이까?"

"뛰어난 솜씨였소. 처음에는 사람의 솜씨인지 아닌지 의심이 들 정도였소."

"그럼 화병은 어떻게 보였소?"

"그것 역시 참으로 뛰어난 솜씨였소. 처음에는 하늘의 솜씨가 아닌가 하고 의심이 들었다오."

풍석자가 말했다.

"병풍을 보고 이것이 과연 사람의 솜씨인가 하고 의심했다면, 이는 하늘의 솜씨가 사람보다 못하다고 생각한 것이라오. 화병을 보고 하늘의 솜씨인가 하고 의심했다면, 이는 사람의 솜씨가 하늘의 솜씨보다 못하다고 생각한 것이라오.

그렇다면 하늘의 솜씨가 낫다고 보는 것이오? 아니면 사람의 솜씨가 낫다고 보는 것이오? 하늘이 나을 때도 있고 사람이 나을 때도 있다고 본다면, 사람이 만든 저 죽간에 옻칠로 쓴 글씨를 하늘이 유독 능히 만들 수 없다는 것이오?

북방에 사는 사람들은 닭은 익숙히 보지만 남방에 사는 금계(金鷄)는 보지 못합니다. 그래서 어느 날 남방으로 갔다가 금계를 보고는 닭처럼 때맞춰 울기를 기대합니다. 이는 익숙한 것 때문에 시야가 흐려져서 그런 것입니다.

따라서 병풍을 보고 사람의 솜씨인가 하고 의심한 것은 사람이 그린 그림에 익숙해져 시야가 가려졌기 때문이오. 또한 화병을 보고 하늘의 솜씨인가 하고 의심한 것은 하늘의 꽃에 익숙해져서 시야가 가려졌기 때문이라오. 자연경을 두고 허언이라 한 것은 그대가 성현이 지은 경전에 익숙해져 시야가 가려졌기 때문이라오.

그대는 어찌 시야를 가리는 백태를 긁어내고 덮고 있는 것을 제거하지 않습니까. 그리하여 형체를 벗어버리고 총명함을 토해내어 소실산에 노닐며 책갑을 열어 글을 읽지 않습니까. 이렇게 한다면 어찌 장차 호탕하게 껄껄 웃으면서 일체의 생각을 내려놓게 되지 않겠습니까.

그대가 병풍을 보고 사람의 솜씨인가 하고 의심한 것은 다만 아로새기고 점을 이은 것이 그림과 비슷했기 때문이라오. 그러나 그림은 비슷하게 본뜨려고 하는 게 있는데 그것은 실제 사물이라오.

병풍에 새겨진 주름진 산봉우리와 원앙새를 진짜라고 한다면, 과연 누가 그것을 아로새기고 점을 찍어 그렸단 말인가. 그대는 이에 대해서는 의심하지 않고 한 번 대충 보고는 새겨진 모양이 진짜 같다고 인정하며 신묘한 것으로 여겼소. 이러하다면 참으로 미혹된 것이 아니겠소이까.

육경에 담겨 있는 글은 성인이 만물의 실정을 잘 그려낸 것이라오. 그대는 어찌 육경을 그림으로 여기고 만물을 원앙으로 여기지 않는단 말이오! 또 풍경이 새겨진 병풍을 자연경으로 여기지 않는단 말이오! 내 말을 돌이켜 살펴본다면 장차 의심이 확 풀려서 마음으로 통하지 않겠습니까.

내가 일찍이 듣건대 경전은 말에 의지하여 이루어진 것입니다. 말은 생각에 의지하고 생각은 마음에 의지하며 마음은 도에 의지합니다. 그러므로 도가 있는 곳이 곧 경전이 있는 곳입니다.

도라는 것은 다채로워서 하지 않은 것이 없으며 은미하여서 깃들지 않는 곳이 없소이다. 도는 기와나 벽돌에도 있고 똥과 오줌에도 있습니다. 하물며 내 방안의 벼루·궤안·정 등에 도가 없겠소이까.

더욱이 그대가 벼루·궤안·정 등에서 도를 찾는다면 굳이 기문에 의지하지 않고도 도를 깨치게 될 것입니다. 그러하니 이 글은 '자연(自然)의 기문'이라 이름 붙일 수 있을 것이라오."

- 『금화지비집』 권5

메타버스 도서관

홍길주의 표롱각(縹礱閣)

홍길주

_____

　표롱각에는 육경에서부터 제자백가에 이르기까지 모든 책이 소장되어 있다. 인간 세상의 건축물이라고 하자니 허공 속에 아득히 떠 있는 듯하고, 아니라고 하자니 갈고 아로새긴 것이 천하의 훌륭한 장인의 솜씨였다.

메타버스 세계

　인류 역사상 유례없는 코로나 팬데믹을 겪으면서 일상생활에도 많은 변화가 일어났다. 온라인 플랫폼 관련 기술이 비약적으로 발전하고 사회 전반으로 확대되었다. 원격교육과 화상회의가 일상화되었으며 코로나

엔데믹 이후에도 여전히 활용되고 있다.

특히 메타버스 플랫폼이 많은 주목을 받았다. 메타버스는 사용자들에게 실제와 비슷한 경험을 제공해 준다. 예를 들어 온라인 공간에 구축된 메타버스 백화점에 들어가서 상품을 살펴보고 구매할 수 있다. 실제 백화점처럼 층별로 돌아다니면서 상품을 구경하고 궁금한 게 있으면 직원에게 문의할 수도 있다.

또 메타버스 캠퍼스를 구축해 놓은 대학교도 많다. 실제 대학 캠퍼스처럼 건물도 짓고 강의실이나 실험실 등도 만들어 놓았다. 학생들은 실제 대학 캠퍼스를 다니는 것처럼 메타버스 캠퍼스의 강의실에 들어가 수업도 듣고 도서관에 가서 책도 빌릴 수 있다. 몇몇 대학교는 메타버스를 활용하여 입학식과 졸업식을 진행해서 학생들의 좋은 반응을 얻기도 하였다.

심지어 가상의 연예인도 등장하였다. 당연히 이름이 있으며 노래도 부르고 춤도 추며 광고 모델로도 활동한다. 처음 텔레비전 광고에 나왔을 때 가상 인간이라는 것을 전혀 눈치 채지 못했다. 나중에 이 사실을 알고 많은 사람들이 놀랐다.

이제 가상공간과 현실 세계의 경계가 모호해지는 시대가 되었다. 사람들이 살아가는 공간은 현실 세계에만 국한되지 않으며 메타버스 속의 가상공간까지 확대되고 있다. 사람들의 삶에서 실제 현실 세계 못지않게 가상공간이 중요해지고 있다.

예를 들어 메타버스 세계에 자기가 꿈꿔왔던 집을 짓는다. 집의 구조와 형태를 자기 마음대로 만들 수 있다. 집 주변의 풍경 또한 시시각각 원하는 대로 바꿀 수 있다. 집 안에 자기 방을 만들어 놓고는 가상의 가구를 배치하고 벽지를 바꾸는 등 인테리어도 가능하다.

상상력의 나래를 맘껏 펼치며 나만의 공간을 꾸미는 재미가 쏠쏠하다. 인간이 상상한 모든 것들이 적어도 메타버스 공간에서는 현실이 될 수 있다. 이제 우리 삶의 공간이 가상 현실로 확장되고 그 속에서 재미와 행복을 찾는 것도 가능한 시대가 된 것이다.

홍길주와 표롱각(縹礱閣)

홍길주(洪吉周, 1786-1841)는 19세기를 대표하는 문장가이다. 형은 대제학을 지낸 홍석주이고 동생은 정조의 사위인 홍현주이다. 삼형제가 모두 학문과 문장에 뛰어났다. 홍길주는 20세에 진사시에 합격하였으나 30대에 벼슬에 나갈 뜻을 접고 독서와 저술에 몰두하였다. 『현수갑고(峴首甲藁)』, 『표롱을첨(縹礱乙籤)』, 『항해병함(沆瀣丙函)』, 『숙수념(孰遂念)』 등 많은 저술을 남겼다.

조선시대 문인들의 문집 이름은 대개 호를 붙이는 경우가 많다. '현수(峴首)', '표롱(縹礱)', '항해(沆瀣)' 역시 모두 홍길주의 호이다. 창작한 시기의 순서에 따라 갑(甲)·을(乙)·병(丙)으로 순서를 매기고, 해당 시기에 사용했던 호를 서명으로 붙인 것이다.

대개 문집은 사후에 자손들이나 제자들이 편집하여 간행하는 데 반해, 홍길주는 생전에 자신이 편집하여 제목까지 붙여 두었다. 홍길주는 자신이 지은 글에 대한 자부와 애착이 대단히 강했던 것이다.

특히 홍길주의 『숙수념(孰遂念)』은 매우 독특한 저술이다. 일단 '숙수념'이라는 서명은 '누구를 위하여 말한 것인가.[孰爲言之]', '누구로 하여금 읽게 하는가.[孰令讀之]', '누구를 염두에 두고 서술한 것인가.[孰念敍之]', '누가 다시 이것을 반복해 줄 것인가.[孰遂復之]'라는 의미에서 붙였다. 『숙수념』이 전대미문의 특이한 책이라는 것을 서명을 통해 드러낸 것이다.

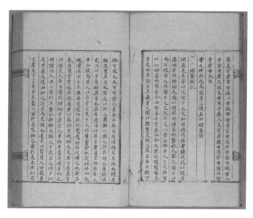

홍길주, 『숙수념』(일본 동양문고 소장)

『숙수념』은 세속을 떠나 은둔한 선비가 수양하는 것과 즐기는 것에 대해 기록한 책이다. 그런데 홍길주는 세속의 명리를 좇지 않는 문인들이

은둔하여 수양하고 즐기는 것을 상상의 세계 속에 구축해 놓았다.

일례로 『숙수념』의 '원거념(爰居念)'에는 은둔하는 선비가 거처하는 공간이 상상 속에 그려져 있다. 이곳에는 유가각(柔嘉閣), 각건당(角巾堂), 청부정(清芙亭), 정존재(靜存齋), 표롱각(縹礱閣) 등 여러 가지 건물이 들어서 있다. 홍길주는 각 건물의 배치와 용도, 이름에 담긴 의미 등을 자세히 기록해 두었다.

유가각은 안채의 정침(正寢)이고 각건당은 바깥채의 영당(影堂)이다. 청부정은 마당 모퉁이의 작은 연못 가에 있는 정자이다. 정존재는 안채의 서쪽, 바깥채의 동쪽에 있는 작은 서재이다. 그리고 표롱각은 책을 소장하는 장서루(藏書樓)이다.

그런데 이 모든 건물은 실제로 존재하는 것이 아니라, 홍길주가 상상속에서 만들어낸 것들이다. 가상의 공간에 구축해 놓은 일종의 메타버스세상이다. 결국 표롱각은 상상 속의 장서실인 것이다.

'표롱(縹礱)'이라는 장서실 이름은 형 홍석주가 홍길주의 글을 논평한 말에서 따왔다. 홍석주는 홍길주의 글이 높이를 가늠할 수 없을 정도로 아득한[縹緲] 궁궐과 같다고 하였다. 또한 신선이 사는 현포나 요대라고 하기에는 홍길주의 글이 치밀하게 잘 다듬어져[礱砥] 있다고 하였다. 아득하다는 뜻을 가진 '표묘(縹緲)'와 잘 갈고 닦았다는 뜻을 지닌 '농지(礱砥)'에서, 앞의 글자 한 자씩 따서 '표롱'이라 이름을 붙인 것이다.

홍길주는 이 상상 속의 표롱각에 경사자집의 각종 서적을 구비해 놓고 책 속에 파묻혀 맘껏 책을 읽었다. 상상 속에 장서실을 구축할 정도로 홍길주는 독서광이었으며, 그의 지식에 대한 열망이 대단하였음을 엿볼 수 있다.

표롱각기
縹礱閣記

홍길주

연천(淵泉, 홍석주(洪奭周)의 호) 선생이 다음과 같이 말한 적이 있었다.

"항해자(沆瀣子, 홍길주(洪吉周)의 호)의 글은 마치 웅장한 집과 기다란 용마루 같고 변화무쌍한 구름이나 파도와 같다. 그래서 궁궐의 종묘나 대전이라 하기에는 너무나 아득하고[縹緲] 신선이 사는 현포(縣圃)나 요대(瑤臺)라고 하기에는 갈고 닦은 것[礱砥]이 너무나 치밀하다."

항해자는 감히 당치도 않은 지나친 평가라고 생각하였다. 항해자의 글이 이런 평가를 감당하기엔 부족하였기 때문이다. 비록 옛사람의 글이라 할지라도 이렇게 평가 받을 만한 것이 없었다. 마땅히 고금의 사부서(四部書) 천만 권을 합쳐야 혹 이와 비슷하게 될 것이다.

이에 연천 선생의 말을 취하여 장서각을 '표롱각(縹礱閣)'이라고 이름을 붙였다. 표롱각에는 육경으로부터 제자백가에 이르기까지 천하에 읽을 만한 책이 모두 소장되어 있다.

커다란 지붕과 깊숙한 처마는 덕을 넓히는 것이요, 비단으로 싼 책갑과 수놓은 장정은 글을 아름답게 한 것이다. 서가를 두어 구별을 하고 아첨(牙籤)과 아축(牙軸)을 꽂아 경(經) · 사(史) · 자(子) · 집(集)을 표시한 것은 분별을 신중하게 한 것이다. 경전을 으뜸으로 하고 역사서를 옆에 두며 그 다음에 제자서와 문집을 두었으니 등급을 밝힌 것이다.

표롱각을 찾아온 객 중에 바다 건너 중국에 가서 공동산(空同山)과 완위산(宛委山)에 사는 도를 통달한 선비를 만나 담소를 나누었던 자가 있었다. 객이 항해자에게 다음과 같은 이야기를 들려주었다.

도를 통달한 선비가 객에게 물었다.

"내가 일찍이 멀리서 그대의 나라에 상서로운 구름과 붉은 노을이 서로 비추며 일어나는 것을 보았는데, 영롱하고 찬란하게 오색을 모두 갖추었더이다. 종종 용이나 규룡, 봉황이나 난새가 되기도 하였소. 비단이나 옥 같은 형상을 띠었는데 그 기운이 곧장 하늘을 꿰뚫었습니다. 먼 곳을 잘 보는 자에게 만여 리를 비추는 거울로 그것을 비춰보게 했습니다. 그랬더니 그 아래에 아름다운 집이 있는 것을 보았습니다.

이 집을 인간 세상의 건축물이라고 하자니 허공 속에 아득히 떠 있는 것 같아서 땅에 기초를 두었다는 걸 생각하지 못할 것입니다. 그렇다고 인간 세상의 건축물이 아니라고 하자니, 갈고 아로새긴 것이 세상 장인들의 솜씨를 극도로 발휘한 것이었습니다. 그대는 이곳이 어딘지 압니까?"

객이 선비에게 여러 차례 반복하여 물어보고는 아마도 그곳이 표롱각일 것이라 생각하였다. 마침내 통달한 선비가 대략 말해 주자 객이 또 말하였다.

"책을 보관하는 건물은 천하에 많이 있소이다. 그러나 소장한 책이 이 곳보다 많고 책을 장정한 것이 이곳보다 화려한 데가 몇 군데나 더 있을 지 모르겠소. 그런데 어찌 유독 여기에만 이런 기운이 있는 것입니까? 필시 이곳에 사는 사람이 기이함을 지녀서 그런 것입니까?"

객은 평소 통달한 선비와 잘 지냈다. 마침내 표롱각 주인의 평생을 거 룩하게 이야기하고 이어서 사는 곳과 저서를 대략 서술하였다. 통달한 선비는 크게 놀라고 기이하게 여기며 산과 바다로 막혀 표롱각 주인과 교유할 수 없음을 안타까워하였다고 한다.

항해자는 이 이야기를 듣고 스스로 더욱 감당할 수 없어서 통달한 선 비의 칭송을 표롱각에 돌렸다. 소사(小史)를 써 달라 하여서 통달한 선비 의 말을 기록하여 현판을 더욱 빛나게 하였다.

- 『숙수념』 제1관

홍길주는 이 상상 속의 표롱각에 경사자집의 각종 서적을 구비해

놓고 책 속에 파묻혀 맘껏 책을 읽었다. 상상 속에 장서실을

구축할 정도로 홍길주는 독서광이었다.

산의 색은 녹(綠)이다

강세황의 녹화헌(綠畫軒)

강세황

———

　앞산에는 물이 오른 어린 소나무와 온갖 풀들의 빛깔이 눈에 가득하였다. 짙은 녹색 물감이 떨어진 듯하였으니 마치 당나라 화가 이장군과 왕우승이 그린 뛰어난 작품 같았다.

시와 그림 그리고 시서화 삼절

　요즘은 많이 뜸해졌지만 예전에는 학교에서 시화전을 연중행사처럼 개최했다. 시화전은 시와 그 시에 어울리는 그림을 함께 그려서 전시하는 것을 말한다. 좀 과장되게 말하면, 시화전은 언어 예술인 시와 시각

예술인 회화를 결합한 종합 예술이라 하겠다.

시와 그림은 표현 수단은 달라도 공유하는 지점이 없지 않다. 시에서 흔히 사용하는 시각적 이미지는 그림을 떠오르게 한다. 또 그림에 담긴 메시지는 직접적이고 노골적으로 제시되기보다는 시처럼 함축적이고 은유적으로 드러난다.

'시중유화(詩中有畫) 화중유시(畫中有詩)'라는 말이 있다. 이 말은 송나라의 소식이 당나라 왕유의 시와 그림을 평가하면서 한 말이다. 왕유는 당나라 시인이자 화가였다. 왕유의 시를 음미해 보면 시 속에 그림이 있고, 그림을 관찰해 보면 그림 속에 시가 있다는 것이다. 이처럼 동아시아 한자문화권에서는 오래전부터 시와 그림은 창작의 원리와 경지가 같다고 하는 인식이 있었다.

시와 그림에 서예를 더하여 '시서화(詩書畫) 삼절(三絶)'이란 말도 있다. 시와 서예와 그림 세 가지 예술에 모두 뛰어나다는 뜻이다. 조선시대 대표적인 시서화 삼절로는 강희안을 비롯하여 윤두서 · 허필 · 이인상 · 강세황 · 신위 · 김정희 등을 꼽을 수 있다. 이들은 그야말로 조선의 '종합예술인'이었던 것이다.

강세황과 녹화헌(綠畫軒)

강세황(姜世晃, 1713-1791)은 조선 후기 시서화 삼절의 대표적인 문인이다. 많이 알려진 호는 표암(豹菴)인데 이 외에도 첨재(忝齋) · 산향재

(山響齋)·박암(樸菴)·의산자(宜山子)·견암(蠒菴)·노죽(露竹)·해산정(海山亭)·무한경루(無限景樓)·홍엽상서(紅葉尙書) 등 많은 호가 있었다. 이처럼 호가 많은 것은 강세황이 시서화의 다방면에서 왕성하게 작품 활동을 한 증표이기도 하다.

강세황은 1768년(영조 44) 경기도 안산에 거주할 때 자신의 거처에 '녹화헌(綠畫軒)'이란 특이한 이름을 붙였다. '녹화'는 글자 그대로 풀면 '푸른 그림'으로 '산봉우리를 그린 산수화' 정도의 의미이다. '녹화'라는 재호는 당나라 문인 한유가 지은 「남산시(南山詩)」의 다음 구절에서 따왔다.

광활한 하늘엔 긴 눈썹이 떠 있는 듯하고
짙푸른 녹색으로 방금 그림 그려놓은 듯하네
天空浮脩眉　濃綠畫新就

— 한유, 「남산시」

이 시는 당나라 수도인 장안의 종남산(終南山)을 읊은 것으로 204구나 되는 장편시이다. 이 구절은 멀리 가로질러 있는 남산의 모습을 형용한 것이다. 강세황의 '녹화헌'에서 '녹화' 역시 산을 형용한 것인데 녹화헌에서 바라보이는 남쪽 산봉우리를 가리킨다.

일반적으로 산색은 '청(靑)·벽(碧)·창(蒼)·취(翠)' 등의 글자로 표현

하였다. 이 글자들은 모두 '푸르다'라는 뜻을 가지고 있다. 그런데 강세
황은 산색을 형용한 말로는 '푸를 록(綠)'이 가장 적절하다고 보아 '녹화'
라는 이름을 붙였다. 뛰어난 화가답게 색감에 대단히 예민한 감각을 지
니고 있었던 것이다.

강세황, 『송도기행첩』 「박연폭포」(국립중앙박물관 소장)

조선 후기 회화사에서 강세황은 특히 색채 감각이 뛰어난 화가로 알려
져 있다. 조선시대 그림하면 먹으로 그린 수묵화를 떠올리기 마련이다.
그런데 강세황은 중국의 채색 화보와 채색 물감을 적극적으로 사용하여
색채가 두드러진 그림을 많이 그렸다. 회화뿐만 아니라 시문에서도 다
채로운 색채 표현을 많이 사용하였다. 자신의 거처를 '녹화'라 이름 붙인
것 역시 이러한 사례 중 하나이다.
한편 강세황뿐만 아니라 18세기 후반에는 박지원·이옥 등의 문인들에

게도 색채에 민감한 표현이 많이 보인다. 박지원이 지은 글을 예로 들어
본다.

아, 저 까마귀를 보라! 까마귀 깃털보다 더 먹색[墨]인 것은 없다.
그런데 홀연 유금(乳金) 빛이 테를 두른 듯하다가 다시 석록(石綠) 빛
으로 반짝거린다. 해가 비추면 등자(藤紫) 빛깔이 나서 눈에 어른어
른 반짝이다가 비취색[翠]으로 바뀐다.

　　　　　　　　　　　　　　 — 박지원, 「능양시집서(菱洋詩集序)」 『연암집』 권7)

박지원은 까마귀의 깃털 색깔을 '먹색[墨]', '유금(乳金) 빛', '석록(石綠)
빛', '등자(藤紫) 빛', '비취색[翠]' 등 다양한 색으로 표현하였다. 유금 ·
석록 · 등자 등은 당시 그림을 그릴 때 쓰는 물감 종류였다.

다시 강세황의 「녹화헌기」로 돌아가 보자. 막 봄이 되어 초목에 새싹
이 돋아날 때 산은 온통 '녹색(綠色)'이었다. 이에 봄비가 내리고 날이 맑
게 개어 남쪽 산봉우리를 볼 때면, 강세황은 한유의 「남산시」 시구를 읊
조리며 홀로 감탄하였다.

강세황은 실제 풍경을 바라보면서 마치 당나라 때 산수화의 대가인 이
사훈·이소도 부자나 왕유의 그림을 보는 것처럼 느꼈다. 강세황은 녹화
헌에 앉아 그야말로 자연이 그려낸 산수화 한 편을 감상하였던 것이다.

녹화헌기
綠畫軒記

강세황

　예부터 산색을 표현할 때 '푸를 청(靑)', '푸를 벽(碧)', '푸를 창(蒼)', '비취색 취(翠)' 등의 글자를 사용하였으며 '푸를 록(綠)'자를 쓰는 경우는 없었다. 그러나 막 봄이 와서 산이 어린 나뭇잎과 작은 풀싹들로 옷을 갈아입을 때면 단지 모두 녹색(綠色)일 뿐이다. 이른바 청(靑)·벽(碧)·창(蒼)·취(翠)라 하는 것은 다만 저 멀리 하늘가에 있는 먼 산을 두고 표현하는 말일 뿐이다.

　당나라 설도(薛濤)의 「죽랑묘에 쓰다[題竹郎廟]」라는 시에 "석양이 침침한데 산은 더욱 푸르네.[夕陽沈沈山更綠]"라는 구절이 있다. 이는 사람들이 미처 표현하지 못한 것을 잘 표현했다고 이야기할 만하다.

　그러나 여전히 미진한 점이 있다. 오직 한유(韓愈)만이 「남산시(南山詩)」에서 다음과 같이 산색을 대단히 절묘하게 형용하였다.

　광활한 하늘엔 긴 눈썹이 떠 있는 듯하고
　짙푸른 녹색으로 방금 그림 그려놓은 듯하네
　天空浮脩眉　濃綠畫新就

나는 매양 봄비가 내리다가 방금 막 개어 옅은 안개가 불현듯 걷히면, 가만히 앉아 산봉우리들을 마주하였다. 신록이 마치 물을 들이듯 나의 옷깃을 스치면, 「남산시」의 이 구절을 홀로 길게 읊조리며 참으로 기발한 표현이라며 감탄해 마지않았다.

두세 칸 되는 허름한 나의 초막이 안산 관아의 남쪽에 있었다. 그러나 지은 지 오래되어서 거의 반이나 허물어졌다. 아이들이 바깥채에 작은 집을 지었는데 마을 남쪽에 있는 여러 산봉우리가 정면으로 마주하고 있었다. 비록 특이한 형상은 없었으나 즐거운 마음으로 감상하기에 좋았다.

산봉우리 모습이 말쑥하기도 하고 들쭉날쭉하기도 하여 바라보며 시를 읊조리기에도 충분하였다. 어린 소나무와 온갖 풀들에 물이 오른 빛깔이 눈에 가득하였다. 짙은 녹색 물감이 떨어진 듯하였다. 마치 당나라 화가 이장군(李將軍, 이사훈(李思訓)·이소도(李昭道) 부자)과 왕우승(王右丞, 왕유(王維))이 그려놓은 뛰어난 작품 같았다. 이백(李白)은 바라보아도 오직 싫증나지 않는 것은 경정산(敬亭山)뿐이라고 하였다. 그러나 싫증나지 않는 산이 어찌 경정산 뿐이겠는가.

마침내 한유의 시구를 취하여 '녹화헌(綠畫軒)'이라는 현판을 달았다. 이름이 좋지 못하다고 비웃는 객이 있었다. 나는 "옛사람 중에 나보다 앞서 이 시구를 따다가 현판을 지은 이가 또한 있었습니다."라고 대답하였다.

무자년(1768, 영조 44) 9월 3일에 녹화헌에서 쓰다. 때는 마침 벼를 베어 녹화헌 앞에서 타작을 하고 있었다.

- 『표암고』 권4

〰

⋮

나만의 갤러리

신대우의 하상재(河上齋)

신대우

─────

 획을 긋고 점을 찍은 것이 마치 귀신이 도와준 것 같아 눈과 마음을 놀라게 하였다. 비록 이광사의 서예 작품을 많이 감상하였지만 이 「하상노인가(河上老人歌)」 글씨가 단연 최고였다.

서예라는 예술

 글자를 쓰는 게 무슨 예술인가. 오늘날 컴퓨터 폰트를 디자인하는 것은 넓게 보면 예술에 포함될 수 있다. 그러나 이 세상 문자 중에 글자 쓰는 걸 예술로 인정하는 사례는 거의 없다. 한자와 한글 서예를 제외하면

없는 것 같다. 그중에서도 한자 서예의 역사는 대단히 오래되었다.

한자는 그 기원이 상형문자이다. 사물의 모양을 본떠서 만들었기 때문에 기본적으로 회화성을 띠고 있다. 그래서 한자를 제대로 못 쓰면 "쓰는 게 아니라 그리고 있네."라는 우스갯소리가 생겼는지도 모르겠다.

한자는 서체가 역사적으로 다양하게 변화해 왔다. 갑골문부터 전서와 예서를 거쳐 오늘날과 같은 모양의 해서로 정착되었다. 갑골문과 전서는 그림에 가까운 형상성이 높은 반면, 예서와 해서는 문자로서의 기호적 성격이 두드러진다. 갑골문과 해서를 비교해 보면 도저히 같은 문자라고 할 수 없을 정도이다. 또 일종의 필기체 서체인 초서와 행서도 있다

'안(安)'자의 서체(출처: 書法迷)

한자는 본래 서체가 여러 가지인 데다가 쓰는 사람마다 개성을 담아 내면서 서예 작가와 개성적인 서체가 생겨났다. 중국 위진시대 왕희지의 왕희지체(王羲之體), 원나라 조맹부의 송설체(松雪體) 등이 유명하였다. 우리나라의 경우 조선 후기 이광사의 동국진체(東國眞體), 김정희의 추사체(秋史體)가 대표적이다.

조선 후기에는 문인들 사이에 그림이나 서예 작품을 수집하고 소장하는 것이 유행처럼 퍼졌다. 요즘 말로 하면 전문적인 컬렉터까지 생길 정도였다. 문인들의 예술적 취향이 시문 위주에서 다양한 방면으로 확대되었던 것이다.

신대우와 하상재(河上齋)

신대우(申大羽, 1735-1809)는 시문뿐만 아니라 서예에도 조예가 깊었고 글씨도 잘 썼다. 신대우는 40세 때 원교(圓嶠) 이광사(李匡師)가 초서로 쓴 「하상노인가(河上老人歌)」란 글씨를 구했다. 이 서축(書軸)을 자신의 서재에 보관하고 재호를 '하상재(河上齋)'라고 이름 붙였다. 재호인 '하상'은 이광사의 서축인 '하상노인가'에서 따온 것이다.

재호를 서축의 글씨에서 가져온 것은 전례가 있었다. 중국 양나라 무제가 절을 지은 뒤 소자운에게 큰 글씨로 '소(蕭)'자를 쓰게 하였다. 이약이 이 글씨를 구입한 뒤에 작은 정자를 짓고는 '소재(蕭齋)'라 이름 붙였다. 이러한 전례에 따라 신대우는 이광사의 서축에서 '하상'을 따다 재호를 지은 것이다.

신대우는 서울과 강화도를 오가며 지냈는데 강화도에서 살고 있던 이광사와 일찍부터 교류가 있었다. 더욱이 이광사 문집의 서문을 쓸 정도로 이광사의 시문과 글씨를 높이 평가하였다. 신대우는 하상재에 이광사의 글씨뿐만 아니라 고금의 글씨와 그림을 추가로 소장하고 감상하였다.

그야말로 하상재를 자신만의 갤러리로 만든 것이다.

한편 신대우는 원나라 조맹부와 명나라 동기창에 이르러 참된 서체[眞體]가 사라지고 서체가 경박해졌다고 진단하였다. 신대우가 보기에 한자가 처음 만들어진 상고시대부터 송나라 이전까지가 서법의 도가 잘 행해진 시대였다. 고금으로 따지자면 금(今)보다는 고(古)가 더 훌륭하였다는 것이다.

다음은 신대우의 문집인 『완구집』의 「하상재기」 부분이다.

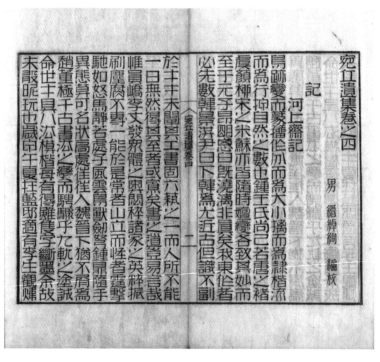

신대우, 『완구집』(국립중앙도서관 소장)

『완구집』은 신대우의 아들 신작이 손수 한 글자 한 글자 공들여 정서한 것이다. 신작 역시 뛰어난 서예가였다. 문집을 쓴 서체가 해서 같기도 하고 예서 같기도 한 팔분체였기 때문에 당시 사람들도 읽기 어려워했다고 한다.

신작은 의도적으로 한자의 고자(古字)를 많이 사용하였다. '명사백(㫤恩白)'에서 '명(㫤)'은 '밝을 명(明)'자의 고자이고 '사(恩)'는 '생각할 사(思)'자의 고자이다. '육예(六萟)'에서 '예(萟)'는 '기예 예(藝)'자의 고자이고 '서법(書泆)'에서 '법(泆)'은 '법 법(法)'자의 고자이다.

서예에 조예가 깊었고 서예 작품을 즐겼던 아버지 신대우의 정신을 아들 신작이 그대로 계승한 것으로 보인다. 신작은 아버지의 문집 자체가 하나의 서예 작품으로 감상되기를 바랐던 것은 아닐까.

하상재기

河上齋記

신대우

새 발자국 모양을 변형하여 전주(篆籀)를 만들었는데 이것이 나뉘어져 대전(大篆)과 소전(小篆)이 되었다. 이 서체를 다듬어서 예서(隷書)와 해서(楷書)가 되었고 이를 흘겨 써서 행서(行書)와 초서(草書)가 되었다. 이러한 서체의 변화는 이치 상 자연스러운 것이다.

서예의 역사를 보면 위(魏)의 종요(鍾繇)와 진(晉)의 왕희지(王羲之)는 더할 수 없이 높은 경지에 이르렀다. 당(唐)의 저수량(褚遂良)·우세남(虞世南)·안진경(顔眞卿)·유공권(柳公權) 및 송(宋)의 미불(米芾)·소식(蘇軾)도 모두 시대에 따라 서체를 변화시켜 각각 나름대로 신묘한 경지를 보여주었다. 그러나 원(元)의 조맹부(趙孟頫)와 명(明)의 동기창(董其昌)에 이르러 서체가 아주 경박하게 되었으니 결코 진체(眞體)라 할 수 없다.

우리나라의 서예가로는 반드시 먼저 한호(韓濩)와 윤순(尹淳)을 꼽는다. 한호가 더욱 옛 서체에 가까우나 다만 식견이 재능에 미치지 못하여 뛰어난 재능을 미처 다 발휘하지는 못하였다.

서예는 본래 육예(六藝)의 하나로 일상생활에서 하루라도 없어서는 안 되는 것이다. 그러나 지극한 경지를 터득하는 자가 적었으니 서도(書道)

를 어찌 쉽게 이야기 할 수 있겠는가.

오직 원교(圓嶠) 이광사(李匡師) 어른만이 여러 서체의 신묘한 멋을 발휘하고 여러 대가의 정수를 종합하였다. 그리하여 진부한 것들을 다 쓸어버렸으니 한 가지 서체에만 능한 것이 아니었다.

이에 평범하게 쓴 것도 산이 우뚝 서 있는 듯하고 신기한 것은 벼락이 치는 것 같았다. 필획이 성난 말처럼 내달리는가 하면 정숙한 처녀처럼 고요하였다. 바람과 구름, 새와 짐승, 칼과 쇠뇌, 종과 솥 같은 것들이 붓을 놀리는 대로 기이한 형상을 드러내었다. 참으로 뭐라 형용할 수 없는 경지였다.

원교 어른은 뛰어난 글씨의 경우 종종 종요나 왕희지의 경지에 들어갔으며 조금 처지는 것들도 조맹부나 동기창 정도까지 내려가지는 않았다. 천고에 서법의 변화를 지극히 하며 서법의 정도로 내달렸다. 참으로 세상에 뛰어난 재주로서 팔법(八法, 서법의 여덟 가지 법칙)의 모범을 다 갖추었다. 이런 까닭에 나는 매양 원교 어른의 글씨를 얻을 때마다 비록 글자 하나, 쪽지 한 조각이라도 감히 경솔하게 완상하지 않았다.

갑오년(1774, 영조 50) 여름 서울 남동(藍洞) 집에 있었다. 때마침 이관위(李觀煒) 군이 자신이 소장하고 있던 「하상노인가(河上老人歌)」 한 폭을 가져와서 보여주었다. 원교 어른이 초서로 쓴 것인데 글씨가 대단히 절묘하고 기이하였다. 획을 긋고 점을 찍은 것이 마치 귀신이 도와준 것 같아 마음을 놀라게 하고 눈을 두렵게 할 정도였다. 이 글씨에서 불가

사의한 신묘함을 직접 눈으로 보게 되었다. 참으로 원교 어른은 서예에 신기한 재능이 있다 하겠다.

내가 비록 원교 어른의 글씨를 익숙하게 보았고 글씨를 병풍으로 만든 것을 수십 백본이나 감상을 하였지만, 당연히 이 「하상노인가」 글씨가 최고라고 생각한다. 이 군에게 간청하여 이 글씨를 얻은 후에 우리나라에서 가장 뛰어난 장인을 불러 배접하고 표구하여 서축(書軸)을 만들었다.

이 서축을 보관하는 방을 '하상재(河上齋)'라 이름 붙였다. 옛사람이 '소재(蕭齋)'라는 이름을 붙였던 뜻에 은근히 비긴 것이다. 고금의 서예첩과 그림책도 안치하였다. 그러고는 내 낙관을 찍어서 후세 사람 중에 나의 서화를 얻게 된 이가 감별해 볼 수 있도록 하였다.

- 『완구유집』 권4

조선의 바리스타

이유원의 가곡다옥(嘉谷茶屋)

이유원

———

　찻물 끓는 소리를 들으면 정신이 나갔다가 차를 마시면 다시 정신이 돌아왔다. 좋은 차는 언제나 있지만 내 마음을 알아 줄 사람이 늘 있는 것은 아니다. 나의 다옥(茶屋)을 나 홀로 아끼노라.

커피와 차

　커피가 우리나라에 본격적으로 보급된 것은 한국전쟁 이후 미군이 주둔하면서부터라고 한다. 미군 부대에서 인스턴트커피가 흘러나와 퍼진 것이다. 커피 1스푼, 설탕 3스푼, 프림 2스푼, 커피의 황금 비율 운운하던 시절이었다. 이마저도 소위 상위층에서 즐기는 고급 기호 식품이었지 서민들은 맛도 못 보았다.

이후 인스턴트커피가 대량 생산되고 커피 자판기가 학교나 회사, 상점이나 지하철역 등 곳곳에 생기면서 커피는 대중화되었다. 누구나 손쉽게 동전 몇 개면 하루에도 몇 잔씩 커피를 즐길 수 있었다. 어느 곳의 커피 자판기 커피가 맛있다거나 어디가 더 싸다거나 입소문이 나기도 하였다.

그러다가 2000년대 이후 원두커피가 급속도로 퍼졌으며 원두커피 전문 카페가 생겨났다. 처음에는 인스턴트커피에 비해 아주 비쌌기 때문에 대도시의 상류층 사람들만 즐길 수 있었다. 한동안 인스턴트커피와 원두커피가 공존하다가 이제는 원두커피가 완전히 시장을 장악하게 되었다.

커피의 원두는 생산지에 따라 향과 맛이 다르다. 케냐 · 에디오피아 등의 아프리카로부터 브라질 · 콜롬비아 등의 남미에 이르기까지 많은 원두가 유통되고 있다. 또한 같은 원두라 하더라도 어떻게 로스팅 하느냐, 어떻게 그라인딩 하느냐에 따라 맛과 향이 달라진다.

이런 까닭에 전문적으로 커피를 만드는 바리스타라는 직업도 각광을 받기 시작하였다. 요즘에는 일반인 중에도 바리스타 못지않은 커피 마니아가 많다. 원두를 구해서 직접 로스팅까지 하는 사람들도 있다. 커피를 볶고 추출하는 과정에 필요한 전문적인 도구까지 갖췄다. 요즘은 커피 마니아층이 형성되면서 동호회나 SNS 등을 통해 서로 정보를 공유하고 함께 커피를 즐기기도 한다.

조선 후기에는 차를 달이는 마니아들이 있었다. 문인들 사이에 차를 끓이는 행위가 고상한 취미의 하나로 인식되면서 차 문화가 유행하였다.

이한철, 「매화서옥도」(국립중앙박물관 소장)

중국 명나라 말기의 문인 진계유는 『태평청화(太平淸話)』란 책에서 '일인독향지락(一人獨享之樂)'을 이야기하였다. '일인독향지락'은 은거한 선비들이 '홀로 즐기는 멋'이란 의미이다. 구체적으로 향 피우기, 차 달이기, 벼루 씻기, 거문고 타기, 꽃 키우기, 그림 감상하기, 술 마시기, 산수 감상하기, 서예 감상하기 등이다. 이처럼 중국 명청 시대의 취미 문화가 조선에 들어오면서 조선의 문인들 사이에서도 차 문화가 활성화되었던 것이다.

이유원과 가곡다옥(嘉谷茶屋)

이유원(李裕元, 1814-1888)는 조선 후기 서울과 경기도 일대에 근거를 둔 전형적인 경화세족 집안의 자제였다. 경화세족의 집안에서는 중국에서 들어온 최신 서적을 광범위하게 수집하고 장서실을 마련하여 소장하였다. 또한 희귀한 골동품이나 그림과 글씨 등을 수집하여 감상하였다. 이와 더불어 각종 이름난 차들을 구입하고 차를 달여 마시는 문화도 즐겼다.

이유원은 평소 차를 매우 좋아하여 사는 집에 차와 관련된 이름을 붙이거나 차를 끓여 마시는 별도의 다옥(茶屋)을 만들었다. 중국차와 우리차 할 것 없이 다양한 종류의 차를 즐겼다. 서울의 한강 가에 살 때 지내던 곳에 '봄바람 불면 차를 마시는 곳'이란 의미의 '춘풍철명대(春風啜茗臺)'란 이름을 붙이기도 하였다.

18세기 이후 서울의 도시 문화가 발달하고 중국으로부터 서적과 서화 등이 많이 들어왔다. 이유원도 중국에 사신으로 가서 중국 문인들과 교유하며 섭지선으로부터 '춘풍철명대'라는 현판 글씨를 받아왔다. 섭지선은 금석학에 정통하였으며 추사 김정희와도 깊이 교유하였던 인물이다. 또한 주자암으로부터 진품 용정차와 우전차를 선물 받기도 하였다.

이유원의 문집인 『가오고략』과 필기집인 『임하필기』에는 차와 관련된 여러 편의 시문이 수록되어 전한다. 『가오고략』에는 차를 마시며 읊은 「철다음(啜茶吟)」이란 시와 죽로차(竹露茶)를 소재로 쓴 장편시 등이 수록되어 있다. 『임하필기』에는 중국 연경에서 곡우 전에 딴 '우전차(雨前茶)'를 최고로 친다거나 상아로 만든 중국의 다반(茶盤)이 우리나라로 들어왔다거나 하는 등의 기록이 보인다.

이유원은 만년에 살았던 가오곡(嘉梧谷, 지금의 남양주시 수동면 가곡리)의 집에는 다옥을 별도로 만들었다. 그러고는 「가곡다옥기」라는 글을 지었다. 평소 차를 즐겼던 생활, 다옥을 짓게 된 내력, 다옥 내부의 모습과 차를 끓이는 광경 등을 상세히 적어 두었다. 특히 다옥 안에서 찻물을 끓이는 광경은 눈앞에서 보는 것처럼 너무나 생생하다. 이유원이 차에 관하여 얼마나 진심이었는지 엿볼 수 있다.

가곡다옥기

嘉谷茶屋記

이유원

　나는 평소 차를 매우 좋아하였다. 사방에서 이름난 차를 구하면 그럴 때마다 산이나 물가로 달려가서 차를 끓여 마시곤 하였다. 한강 가에 살 때 작은 집을 짓고 '춘풍철명대(春風啜茗臺)'라는 이름을 걸었다. 현판의 글씨는 청나라 수옹(遂翁) 섭동경(葉東卿, 섭지선(葉志詵))이 써 준 것이다.

　후에 가오곡(嘉梧谷, 지금의 남양주시 수동면 가곡리)으로 거처를 옮겨 퇴사담(退士潭)을 파고 좋은 물을 구해 호남의 보림차(普林茶)와 제주의 귤화차(橘花茶)를 끓여 마셨다. 근래 연경에서 돌아온 뒤 주자암(周自菴)이 준 진품 용정차(龍井茶)와 우전차(雨前茶)를 퇴사담의 물을 퍼다 끓였다.

　소나무와 대나무 그늘에 솥과 사발을 늘어놓고는 날이 저무는 줄도 몰랐다. 그런데 손으로 가리고 찻물을 따라도 먼지와 모래가 날아드는 것은 어쩔 수 없었다. 이에 집 한쪽 구석에 나무를 세워 시렁을 만들고 위에 판자를 덮으니 흡사 집 같았다. 길이는 다섯 자 정도 되고 너비는 두 자가 넘었다.

　가운데에 화로 놓을 틀을 마련하고 구리줄로 차관에 드리워 틀 고리에 매달았다. 화로 안에 숯을 넣고 부채로 부치면 쏴쏴 솔바람 소리가 났다. 찻물이 끓기 시작하면 게눈 같은 기포가 겨우 생기더니 다시 물고기 눈 알 같은 기포가 뽀글뽀글하였다. 찻물 끓는 소리를 듣고 있노라면 정신이 나갔다가 차를 마시면 정신이 다시 돌아왔다.

소동파(蘇東坡)가 간직해 두었다는 밀운룡차(密雲龍茶)가 내가 선물 받은 용정차나 우전차가 아니겠는가. 다만 소동파는 아껴두었던 밀운룡차를 후하게 대접할 황정견·진관 등의 사학사(四學士)가 있었다. 그러나 내게는 이런 사람들이 없는 게 한스러울 뿐이다. 신품(神品)의 물건은 언제나 있지만 마음을 알아줄 사람이 늘 있는 것은 아니다. 나의 다옥을 나 홀로 아끼노라.

- 『가오고략』 책12

빈티지 보물창고

조면호의 자지자부지서옥(自知自不知書屋)

조면호

────────

집은 세 칸. 주인옹은 백발에 쇠약한 몰골로 집 안에서 앉았다 누웠다 하며 수많은 골동품을 즐겼다. 자기가 잘 모른다는 것을 잘 안다고 여기며 스스로 즐거워하였다.

빈티지 컬렉터

빈티지 물건을 모으는 컬렉터들이 있다. 옷을 파는 빈티지샵도 흔히 볼 수 있다. 유럽의 오래된 그릇이나 가구 등도 심심찮게 거래가 되고 있다. 고가의 희귀한 빈티지 물건을 파는 빈티지샵은 컬렉터들 사이에 성지와도 같다.

처음에는 예쁜 커피 잔 한두 개로 시작한다. 빈티지 잔에 커피를 따라 놓고 낭만을 즐긴다. 찻잔이나 예쁜 그릇 몇 개를 더하여 탁자에 진열해 놓고 사진을 찍어 인스타그램에 올리기도 한다. 컬렉터들은 팔로우를 하며 서로의 빈티지 물건을 공유하고 즐긴다.

처음에는 부엌 그릇장 한쪽에 한두 개 있었다. 그러다가 물건도 점점 늘어나고 품목도 다양해진다. 탁자가 들어오고 의자가 추가되고 심지어 그릇을 진열할 빈티지 그릇장까지 들어온다. 이쯤 되면 부엌을 벗어나 거실로 나오고 집이 크면 방 하나를 빈티지 물건으로 채우기도 한다.

컬렉터들에게 물건의 용도는 중요하지 않다. 희귀한 빈티지 물건을 찾아 남들보다 빠르게 구입하여 소장하는 과정 그리고 그것들을 진열해 놓고 보는 것만으로도 충분한 행복감을 준다.

오늘날에 빈티지 컬렉터가 있다면 조선시대에는 골동품 애호가가 있었다. 대표적인 사람이 18세기의 김광수(金光燧, 1699-1770)였다. 그의 아버지는 요즘으로 치면 장관에 해당하는 판서를 지냈다. 다른 형제들은 과거시험에 급제하여 관직에 나갔다. 그런데 김광수는 관직에 나가는 것을 포기하고 오직 골동품을 수집하고 감상하는 데에 몰두하였다.

김광수는 중국 것이든 우리나라 것이든 명품이라면 입고 있던 옷을 내주고라도 구입하여 소장하였다. 다양한 서화와 골동품을 소장하다 보니 감식안도 높아져서 사람들이 그를 찾아와 물건을 감정해 달라고까지 하였다. 그리하여 김광수는 당대 조선 최고의 골동품 소장가이자 감식자라는 명성을 얻었다.

18세기 이후에는 중국에서 다양한 문물이 들어오고 조선에서도 뛰어난 서화가 창작되면서 골동품 수집이 일대 유행처럼 번지기도 하였다. 그러나 대부분은 고상한 취미의 하나 정도로 서화를 수집하고 감상하였지, 김광수처럼 전문적인 직업으로 택한 사람은 거의 없었다.

조면호와 자지자부지서옥(自知自不知書屋)

18세기에 김광수가 있었다면 19세기에는 조면호(趙冕鎬, 1803-1887)가 있었다. 조면호는 조선 후기의 서화가이자 금석학자인 추사 김정희의 외조카이자 제자였다. 추사에게 공부한 만큼 조면호는 서예로도 일가를 이룬 예술가였다. 추사는 조면호가 예서로 쓴 '안경강광루(雁景江光樓)' 현판을 보고는 "나도 모르게 눈만 동그랗게 뜨고 뒤로 나앉고 말았다."라고 극찬하였다.

조면호는 35세 때에 진사시에 급제한 뒤 삼등 현령·순창 군수 등 지방관을 전전하다가 56세 이후로는 벼슬을 그만두었다. 이후 서울 북촌의 가회방 맹현 아래 정착하여 만년을 보냈다.

조면호는 61세 때 「자자자부지선생전(自知自不知先生傳)」이라는 자서전을 지었다. 서재 이름을 '자지자부지서옥(自知自不知書屋)'이라 짓고 「자지자부지서옥기」를 쓴 것도 이즈음이었다.

'자지자부지(自知自不知)'라는 재호가 상당히 특이하다. 재호 치고는 길기도 하고 '자기가 잘 모른다는 것을 스스로 잘 알다.'라는 의미 또한 범상치 않다. 재호 만큼이나 「자지자부지옥기」란 글 역시 내용과 문체가 독특하다.

재호의 의미를 풀이한 마지막 문장을 제외하고는 거의 대부분의 내용이 서재 안에 있는 물건을 나열하고 묘사하는 것으로 채워져 있다. 한문 원문을 보면 서술어가 거의 없이 서재의 안팎에 놓여 있는 물건의 이름과 위치, 개수를 하나하나 나열하는 것이 전부이다. 주목할 점은 방안의 모습을 그림으로 정확하게 그려낼 수 있을 정도로 묘사가 자세하다는 점이다. 서재의 주인인 조면호조차 수많은 물건들 중에 하나로 보이기까지 한다.

그런데 그 물건들은 고서를 비롯하여 고상한 취미를 즐기는 것들이 많다. 물건들 중에는 진귀한 것도 많은데 중국 여러 지역의 특산품뿐만 아니라 멀리 베트남에서 온 물건까지 진열되어 있다. 실제로 저 많은 물건들이 방안에 다 있었을까 하는 의구심이 들기도 한다. 서재의 북쪽 벽에 걸려 있다는 오래된 검을 읊은 시가 문집에 실려 있는 것을 보면 실제 서재의 모습을 묘사한 것은 분명한 듯하다.

요즘과 비교해 보아도 조면호는 손꼽히는 빈티지 컬렉터라고 할 수 있다. 조면호는 세상이 자신을 알아주건 알아주지 안건 상관없이, 홀로 골동품을 수집하여 자기 방에 소장해 두고 하나하나 사진을 찍듯 보면서 자기만의 행복을 추구하였던 것이다.

자지자부지서옥기

自知自不知書屋記

조면호

    집은 세 칸. 밖에는 나막신 한 켤레, 신코에 장식용 끈을 매지 않은 짚신 한 켤레, 옆에는 문죽(紋竹)으로 만든 지팡이 하나. 지팡이 안쪽으로 삼태기 하나가 매달려 있고 코 짧은 호미 한 쌍이 난간에 놓여 있다.

    방 안에는 북쪽에 나무를 깎아 만든 의자 하나, 잘 닦아놓은 연꽃 모양 그릇 하나. 약간 남쪽에는 소매(小梅) 화분 하나, 노매(老梅) 화분 하나. 또 수선화 화분에 잎이 뻗고 꽃봉오리가 맺힌 줄기 일곱 개가 밖으로 나와 있다.

    방 오른쪽에는 다 해진 그림과 글씨를 엮어서 만든 작은 병풍 하나가 에둘러 있다. 방 남쪽 모퉁이에 나무로 만든 네모진 탁자 하나. 그 위에는 명나라 선덕 연간에 만든 향로 하나, 한나라 때 만든 기와 하나, 왕대로 만든 좀먹은 필통 하나, 오래된 먹 두 개와 새 먹 하나, 쥐 수염으로 만든 작은 붓 하나, 잡털로 만든 새 붓과 헌 붓 도합 일곱 개, 구겨진 종이 쪼가리 20쪽.

    그 왼쪽에는 십삼경이 들어 있는 큰 책 갑 하나, 『사기』를 넣어둔 책 갑 하나, 당송시문 책 갑 넷. 그 아래에는 꽃무늬가 새겨진 돌로 만든 통 하나에 먼지떨이 하나가 꽂혀 있다.

또 그 왼쪽에는 흙으로 만든 독 하나, 풍로 몇 개, 철망석(鐵網石) 하나, 사기그릇 하나, 선원들이 쓰는 납으로 만든 발걸이 하나. 월남에서 만든 작은 목판 하나에 지루바가지 하나가 놓여 있고 바가지 안에는 사기로 만든 숟가락 하나. 그 옆쪽으로는 월주(越州)에서 빚은 비색 자기와 이주 (伊州)의 돌대야가 각각 하나, 작은 잔과 잔대 한 쌍.

김홍도, 「포의풍류도」(개인 소장)

북쪽 벽엔 오래된 검 한 자루 걸려 있고 북서쪽엔 긴 거문고 하나가 서 있다. 서양 거문고에서 쓰는 진옥(鎭玉) 하나. 그 서쪽으로 상죽(湘竹)으로 만든 통 하나.

장금 옆 동쪽으로 꺾어진 곳에 겨우 1자쯤 되는 작은 책상 하나. 그 위에 석인(石印)이 12개, 장주(漳州)에서 만든 붉은 인주를 넣은 함 하나, 작은 구요(九曜) 하나, 산고차(山苦茶)가 반쯤 차 있는 통 하나, 안식향(安

息香) 5매.

방 가운데는 짚자리 하나에 다 해진 담요 하나가 깔려 있고 그 위에 일송(一松)으로 만든 목침 하나. 등을 지는 곳에 오동나무 안석, 그 앞에는 서한을 보관하는 용도로 쓰는 푸른색 주머니 하나.

주인옹은 백발에 쇠약한 몰골로 방 안에서 앉았다 누웠다 하였다. 자기가 잘 모른다는 것을 잘 안다고 여기며 스스로 즐거워하였다. 따라서 서재의 현판에 '자지자부지(自知自不知)'라고 이름을 쓰는 것은 합당하다 할 것이다.

-『옥수집』 권30

덧붙이는 말

재호, 내가 생활하는 공간과 자아정체성

고명사의 그리고 자아현시

서울 경복궁에 가보면 근정전(勤政殿), 경회루(慶會樓) 등처럼 건물마다 이름이 걸려 있는 걸 볼 수 있다. 궁궐뿐만 아니라 누대나 정자, 선비들이 살았던 고택에도 이름이 걸려 있다. 경북 경주의 안강에 있는 이언적(李彦迪, 1491-1553)의 고택에도 대청마루에 '독락당(獨樂堂)'이라는 현판이 걸려 있다.

이처럼 선인들은 생활하는 건물에 이름을 붙이고 그 이름을 현판에 크게 써서 잘 보이도록 걸었다. 그리고 기문(記文)을 지어 건물을 짓게 된 배경이나 이름의 의미를 기록해 두었다.

잘 알다시피 경회루(慶會樓)는 '경사스러운 모임을 행하는 누대'란 뜻이다. 이름 그대로 경회루는 나라에 경사가 있거나 사신이 왔을 때 잔치를 하던 곳으로 사용되었다. 이처럼 이름을 붙여주는 것은 그 공간의 기능을 표시한다. 그러나 이뿐만이 아니다.

근정전은 경복궁의 정전(正殿)으로 임금이 즉위식의 거행하거나 신하들의 조회를 받던 곳이었다. '근정(勤政)'이란 이름은 조선을 건국하는 데에 큰 공을 세운 정도전(鄭道傳, 1342-1398)이 붙인 것이다. 정도전은 「근정전기(勤政殿記)」란 글을 지어 경복궁에서 가장 중요한 건물인 정전에 '근정'이란 이름을 붙인 이유를 밝혀두었다.

정도전은 「근정전기」의 서두에 "정치를 부지런히 하면 나라가 잘 다스려지고, 정치를 게을리 하면 나라가 황폐해지는 것은 당연한 이치이다."라고 적었다. 새로운 왕조를 세워서 좋은 정치를 펼치겠다는 포부를 담은 동시에, 백성들을 위한 정치를 열심히 실천해야 한다는 책무를 임금과 신하들에게 각인시킨 것이다. 임금과 신하들은 근정전에 들어설 때면 현판을 보며 백성을 위한 올바른 정치를 되새겼다. 이것이 바로 '고명사의(顧名思義)'의 정신, 곧 이름을 돌아보며 이름에 담긴 의미를 생각하는 것이다.

이언적의 독락당과 같이 개인이 생활하는 공간도 마찬가지이다. 이언적은 퇴계 이황이 존경하였던 선배 학자이자 관리였다. 이언적은 40세 때 사간원 사간에 임명되었는데 국정을 농단하였던 김안로(金安老)의 재기용을 반대하였다. 이로 인해 관직에서 쫓겨나 고향인 경주 안강으로 돌아온 뒤 독락당을 짓고 학문에 정진하였다.

'독락(獨樂)'은 '홀로 즐기다.'라는 뜻이다. 이언적은 시끄러운 세상사를 끊어버리고 성현의 글을 열심히 읽으며 홀로 이치를 깨치는 즐거움을 '독락'이란 재호에 담아낸 것이다.

독락당 전경 및 현판(출처: 문화재청 국가문화유산포털)

그런데 독락이란 이름을 남들이 잘 볼 수 있도록 현판에 크게 써서 대청마루 중앙에 걸어 둔 점에 주목할 필요가 있다. 부정한 정치에는 참여하지 않고 학문 탐구에 매진하겠다는 의지를 스스로 다짐하는 동시에, 이러한 자신의 의지를 세상을 향해 드러내 보이고자 한 것이다. 이는 세상을 향해 자신의 정체성을 강하게 알리고자 하는 의식, 곧 자아현시(自我顯示)의 소산이다.

재호의 역사와 전통

조선시대 선비들은 집에 있을 때면 성현의 글을 읽으며 세상을 이치를 탐구하고, 벼슬에 나가서는 백성을 위한 정치를 펼치는 것이 책무였다. 선비들은 서재에 ○○당(堂), ○○헌(軒), ○○재(齋) 등의 이름을 붙였다. 당(堂)·헌(軒)·재(齋)는 건물의 형태나 개인의 취향에 따라 붙인 것인데 이를 통칭하여 '재호(齋號)'라 한다.

그렇다면 선비들은 왜 재호를 짓게 된 것일까. 조선 중기의 학자 장현광(張顯光, 1554-1637)이 지은 「여헌설(旅軒說)」에서 그 힌트를 얻을 수 있다. 이 글은 장현광이 44세 때에 자신의 재호를 '여헌(旅軒)'이라 짓고 그 이유를 설명한 것이다. 이 글의 서두에서 선비들이 이름도 있고 자(字)도 있는데 굳이 별도로 호(號)를 짓게 된 역사를 다음과 같이 설명하였다.

선비들은 이름[名]이 있고 자(字)가 있어서 호칭으로 충분하였다. 그런데 후대로 내려와 세상에 도가 밝혀지지 못하고 잘 다스려지지 못하게 되었다. 특출 난 재주를 지니고 진리를 간직하고 있는 선비가 세상으로 나와 뜻을 펴지 못하면, 산림(山林)과 강호(江湖)로 물러나 은거하는 자들이 생겨나게 되었다.

이들 중에는 세상 사람들의 귀에 자신의 이름이 들리고, 속된 사람들의 입에 자신의 자가 오르내리는 것을 싫어하는 사람들이 있었다.

그래서 세상사를 초탈하여 이름과 자 이외에 별도로 호(號)를 짓게 되었다.

호는 사는 집의 이름에서 따오기도 하고 혹 거주하는 지명, 강과 산, 계곡 등에서 따오기도 하였다. 또한 마음으로 좋아하거나 몸 가까이에 두는 물건 중에서 취하는 경우도 있었다. 이를 총칭하여 '호'라 한 것이다.

후배와 제자들은 존경하는 선배와 스승이 있으면, 평상시 감히 그분의 이름과 자를 부르지 못하고 호를 칭호로 삼는 경우가 많았다. 호가 생겨난 것은 이 때문이며 호가 성행한 것도 이 때문이었다. 그러므로 송나라의 여러 선생도 호가 없는 분이 없었다. 일을 만들기 좋아하는 자들이 그저 취미 삼아 호를 만든 게 결코 아니었다. 부정한 세상을 떠나 고결한 빛을 숨기고 조물주와 같은 무리가 되어, 세상 사람들과 다투지 않고 남들에게 시기를 받지 않아서 일생의 삶을 호 하나에 부여한 것이다.

— 장현광, 「여헌설」(『여헌집』 권7)

이름은 세상에 태어나 부여받은 호칭이고 자(字)는 관례를 치른 뒤 성인이 되었다는 의미로 부여된 호칭이다. 이름과 자는 남들로부터 부여받은 호칭인데 반해, 호는 자신의 삶과 지향을 담아 자신이 짓는 경우가 많았다. 특히 호는 혼탁한 세상과 거리를 두고 자신의 정신과 신념을 드러내는 호칭이었다. 장현광이 말한 것처럼 선비들이 호를 짓게 된 데에는 고결한 뜻이 있었던 것이다.

일반적으로 호는 거주하는 집이나 서재의 이름, 사는 곳의 지명, 주변의 산이나 강 이름 등에서 가져와 붙이는 경우가 많았다. 사는 집이나 서재에 이름을 붙인 것이 바로 '재호(齋號)'이다. 장현광이 '송나라 여러 선생' 운운한 것과 같이 재호가 성행하기 시작한 것은 중국 송나라 성리학자들부터이다.

성리학을 집대성한 주희(朱熹)의 문집을 보면, 지인들의 당·헌·재에 이름을 붙이고 지어준 기문이 대단히 많다. 재호는 경재(敬齋)·극재(克齋)·복재(復齋) 등으로 성리학적 이념을 표방한 것들이 대부분이다. 우리나라의 경우 성리학이 수용된 고려 말부터 이러한 경향이 두드러지게 나타나기 시작하여 조선시대 내내 이어졌다.

조선 후기에는 한 사람이 지나치게 많은 호를 짓는 풍조가 생겨나기도 하였다. 다음은 연암 박지원(朴趾源, 1737-1805)이 지은 「선귤당기(蟬橘堂記)」의 일부이다.

영처자(嬰處子, 이덕무(李德懋)의 호)가 당(堂)을 짓고서 그 이름을 '선귤당(蟬橘堂)'이라 하였다. 그의 벗 중에 어떤 사람이 이렇게 비웃었다.

"그대는 혼란스럽게 어째서 호(號)가 이리도 많은가. …… 네 몸이 얽매이고 구속을 받는 것은 몸이 여럿이기 때문이다. 이는 네 이름도 마찬가지이다. 어려서는 아명(兒名)이 있고 자라서는 관명(冠名)이 있다. 덕(德)을 나타내기 위해 자(字)를 짓고 사는 곳에 호(號)를 붙인다. 또 어진 덕이 있으면 '선생(先生)'이란 호칭을 덧붙인다. 살아서는 높은 관작(官爵)으로 부르고 죽어서는 아름다운 시호(諡號)로 부른다. 이름이 이미 여럿이라 이처럼 무거운데, 네 몸이 장차 이렇게 많은 이름을 감당해 낼 수 있을지 모르겠다."

― 박지원, 「선귤당기」(『연암집』 권7)

　　이덕무(李德懋, 1741-1793)는 박지원과 뜻을 함께 하는 친한 벗이었다. 이덕무는 20대의 젊은 나이에 선귤당(蟬橘堂)을 비롯하여 경재(敬齋)·팔분당(八分堂)·형암(炯菴) 등 많은 재호를 가지고 있었다. 이덕무뿐만 아니라 당시 기발하고 운치 있는 재호를 짓는 것이 일대 유행이었다. 박지원은 친한 벗 이덕무가 너무 많은 호로 인해 자신의 삶을 제약하고 혹여 남들로부터 비난을 받지 않을까 걱정하였다.

　　그러나 이덕무가 지은 재호에는 모두 젊은 날의 고민과 인생 지향이 담겨 있었다. '선귤(蟬橘)'은 '매미와 귤'이란 뜻이다. 이덕무는 「선귤헌명(蟬橘軒銘)」이란 글을 지어 매미와 귤이 겉모습은 볼품없지만 속은 맑고 깨끗하다고 칭송하였다.

　　이덕무는 정조가 인정할 정도로 박학다식한 인재였다. 그러나 서자(庶

子)였기 때문에 자신의 뛰어난 재능을 펼칠 기회조차 얻지 못하였다. 신분상으로 보면 볼품없는 매미나 귤과 같았다. 그러나 이덕무는 좌절하지 않고 열심히 공부하며 책을 저술하였다. 이덕무가 자신의 재호를 '선귤'이라 지은 것은 세속적 출세 따위에 연연하지 않고 열심히 공부하며 자신의 고결한 정신을 지켜나가겠다는 의지를 표명한 것이다.

재호 짓기와 삶 – 정조와 정약용의 경우

조선시대에 재호를 짓고 재호와 관련된 글을 짓는 상황은 대개 세 가지가 있다. 첫째 자신이 직접 재호를 짓고 글을 작성하는 경우, 둘째 재호는 자신이 짓되 글은 지인에게 부탁하는 경우, 셋째 재호와 글을 모두 지인에게 일임하는 경우가 그것이다. 두 번째 경우가 가장 일반적이다.

그러나 이덕무의 사례에서 볼 수 있듯이 조선 후기에는 자신의 재호를 직접 짓고 글을 직접 작성하는 경우가 많아졌다. 이런 경우 자의식이 강하게 투영되고 문학적으로도 자유로운 표현이 가능하였다.

그런데 일반 문인들만 그런 것이 아니었다. 정조는 학문과 문장을 좋아했던 군주답게 여러 차례 자신의 재호를 지었다. 정조는 1798년에 신하들에게 다음과 같이 말하였다.

> 내가 동궁(東宮)에 있을 때 거처하는 곳에 '홍재(弘齋)'라는 현판을 걸었다. 대개 '군자는 넓고 강인해야 한다.[君子弘毅]'는 의미를 취한

것이다. 그리고 10여 년 전에는 문미에 '탕탕평평실(蕩蕩平平室)'이라는 현판을 걸었다. 또 근래에는 벽에다가 '만천명월주인(萬川明月主人)'이라고 써 놓았다. 여러 신하들은 은미한 나의 속뜻을 잘 알아차렸는지 모르겠다.

— 정조, 「일득록(日得錄)」(『홍재전서』 권178)

정조 영정(출처: 전통문화포털)

정조는 세손 시절부터 재위 만년까지 시기별로 자신의 생활공간에 '홍재(弘齋)', '탕탕평평실(蕩蕩平平室)', '만천명월주인옹(萬川明月主人翁)' 등의 이름을 붙이고, 이를 건물에 내걸어 신하들이 볼 수 있도록 하였다. 정조는 신하들이 이름에 담긴 자신의 의도를 알아채고 따라와 주기를 바랐다.

'홍재(弘齋)'는 정조가 세손 시절에 붙인 재호이다. '홍(弘)'은 증자가 말한 바 '군자홍의(君子弘毅)'에서 의미를 가져왔다. 곧 막중한 책무를 짊어질 수 있는 넓은 도량[弘]과 이를 죽는 날까지 추진할 수 있는 강인함[毅]을 지닌 군자가 되리겠다는 의지를 표명한 것이다.

정조는 1790년(정조 14)에 침실의 이름을 '탕탕평평실(蕩蕩平平室)'이라 짓고 그 의미를 다음과 같이 밝혔다.

내가 침실의 이름을 새로 지어 '탕탕평평실(蕩蕩平平室)'이라 하였다. '탕평' 두 글자는 우리 성조(聖祖, 곧 영조)께서 50년간 이룩한 성대한 덕업이다. 내가 밤낮없이 오로지 생각하는 것은 오직 선대의 공렬을 계승하는 것이다.

동인지 서인지, 남인지 북인지, 신지 짠지, 관대한지 준엄한지 상관하지 않았다. 오직 훌륭한 인물을 뽑고 오직 뛰어난 인재를 등용하여 온 세상이 함께 협력하며 국정을 펼쳤다. 그리하여 모두가 대도에 이르러 영원토록 화평의 복을 누릴 수 있게 하려고 하였다.

특별히 '탕탕평평실'이라는 현판을 내건 것은 조정의 모든 신하들이 내가 세운 표준을 알게 하고자 한 것이다.

– 정조, 「일득록」(『홍재전서』 권167)

'탕탕평평(蕩蕩平平)'은 『서경』 「홍범」의 "편벽됨이 없고 편당함이 없으면 왕도가 탕탕(蕩蕩)하며, 편당함이 없고 편벽됨이 없으면 왕도가 평평(平平)하다."라는 말에서 가져왔다. 정조는 영조의 탕평책을 이어받아 특정 당파에 편중되지 않고 고르게 인재를 등용하였다. 침소에 '탕탕평평실'이라는 현판을 내건 것은 이러한 의지를 만천하에 공포한 것이다.

정조가 자신의 거처에 시기별로 다른 이름을 붙인 것은 임금으로서의 자기 정체성을 확인하고, 신하를 비롯한 백성들에게 자신의 정치 철학을 알리는 일종의 정치 행위였다.

한편 정조의 총애를 받았던 정약용(丁若鏞, 1762-1836)은 '다산(茶山)'이란 호가 많이 알려져 있다. '다산'은 정약용이 강진 유배 시절에 초당에 붙인 이름이다. 그런데 정약용은 자신의 일대기를 적은 「자찬묘지명(自撰墓誌銘)」에서 자신의 호를 '사암(俟菴)', 당호를 '여유당(與猶堂)'이라 하였다.

'사암'은 『중용』의 "백세 뒤의 성인을 기다려[俟] 물어보더라도 의혹이 없을 것이다."에서 따온 것이다. 사암이라는 호에는 500여 권에 달하는 자신의 저술은 백세 뒤의 성인이 보더라도 한 점 의혹이 없을 만큼 당당하다는 자부심이 담겨 있다.

여유당 전경(출처: 남양주시청)

여유당은 1800년(정조 24) 39세 때 병조 참의에서 사직하고 고향인 마현(馬峴, 지금의 경기도 남양주시 조안면 능내리)으로 돌아와 자신이 거처하는 방에 붙인 이름이다. 정약용은 「여유당기(與猶堂記)」를 지어 재호를 '여유'라고 한 이유를 다음과 같이 밝혔다.

나의 병은 내가 잘 안다. 나는 용감하지만 지략이 없고 선을 좋아하지만 가릴 줄을 모른다. 맘 내키는 대로 즉시 행하여 의심할 줄을 모르고 두려워할 줄을 모른다. 그만둘 수도 있는 일이지만 마음에 기쁘게 느껴지기만 하면 그만두지 못한다. 하고 싶지 않은 일이지만 마음에 꺼림칙하여 불쾌하게 되면 그만두지 못한다.

그래서 어려서부터 세속 밖에 멋대로 돌아다니면서도 의심이 없었고, 이미 장성하여서는 과거 시험 공부에 빠져 돌아설 줄 몰랐다. 나 이 서른이 되어서는 지난 일의 과오를 깊이 뉘우치면서도 두려워하지 않았다. 이 때문에 선을 끝없이 좋아하였으나 비방은 홀로 많이 받았다.

아, 이것이 또한 운명이란 말인가! 이것은 나의 본성 때문이니 내가 또 어찌 감히 운명을 말하겠는가.

노자(老子)는 말했다.

"망설이기를[與] 겨울에 시내를 건너듯이 하고, 겁내기를[猶] 사방이웃을 두려워하듯이 한다."

아, 이 두 마디 말은 내 병을 고치는 약이 아니겠는가!

– 정약용, 「여유당기」(『여유당전서』, 시문집 권13)

정약용은 어린 시절, 과거시험 공부할 때, 서른 이후 관직 생활할 때를 언급하며 자신의 삶을 반추하였다. 젊은 시절 정약용은 정조의 총애를 받으며 정계의 핵심 인물로 부각되고 있었다. 그러나 정치적 반대파들은 정약용을 천주교와 연루시켜 끊임없이 공격하였으며, 이로 인해 1795년 (정조 19) 7월에는 충청도 금정 찰방으로 좌천되기도 하였다. 1800년 천주교 문제로 다시 물의가 일어나자 정약용은 신변의 위협을 느껴 관직에서 사직하고 고향으로 돌아왔다.

정약용이 재호를 '여유(與猶)'라고 한 것은 이처럼 극도로 불안한 정치적 입지가 반영된 것이다. '여유'라는 말은 『노자』에서 가져온 것이다. '살얼음 낀 겨울 시내를 건너듯이', '사방에서 노려보는 사람들 사이를 걸어가듯이' 조심하고 신중해야 한다는 뜻이다.

정약용은 '여유'라는 재호를 지어서 말과 행동을 지나칠 정도로 단호하게 하고 전혀 타협할 줄 몰랐던 자신의 무모함을 반성하였다. 아울러 정치적으로 위기에 몰린 불안한 상황에서 처신을 신중하게 해야겠다고 스스로를 경계하였다.

현재적 의미

조선시대 문인들에게 서재는 독서 공간이자 오롯이 자신과 마주하는 공간이었다. 그러한 공간에 이름을 붙이는 것은 생활공간과 자기 자신이 일체가 되는 행위였다. 나아가 자신의 생활공간에 대한 글을 작성하는 과정은 사회 속에서 자기의 정체성을 확인하는 일종의 사회화 과정이기도 하였다.

서재의 이름을 짓고 기문을 지으며 자신의 삶을 되돌아보고 앞으로의 삶을 설계하고 다짐하였다. 또 서재의 이름을 남들이 잘 보이게 내다 걸고 기문을 통해 이름에 담긴 의미를 밝힘으로써, 사회를 향해 자신의 정체성을 드러내었다.

이러한 과정에서 누구보다도 소중하게 자신을 돌보고 자기 존재를 긍정하였다. 사회 내에 자신의 정체성을 위치 지운 사람은 사회적 행동 규범을 알고 다른 사람들과의 관계에서 자신이 어떻게 처신해야 하는지를 안다. 이러한 사람은 저절로 사회적 공동체로 화합해 들어가며 누구보다도 윤리적이고 훌륭한 사회인이 된다.

그러나 이러한 전통은 근대 이후에 단절되었다. 오늘날 도시 생활 속에서 자기 집이나 방은 그저 잠을 자는 주거 공간 이상의 의미가 없다. 우리가 살고 있는 아파트는 동호수로 기억될 뿐이다. 아파트 단지의 초석 따위에 공사 기간, 준공일, 건설 회사, 건설비 등이 적혀 있어서 건물의 내력을 조금이나마 알 뿐이다. 이런 까닭에 자기 공간에 대한 애정이 거의 없다. 그저 경제적으로 환산되는 재산 가치에 집착할 뿐이다.

초등학생에서 대학생에 이르는 기간은 민주시민으로서의 정체성을 형성해 가는 중요한 시기이다. 학생들은 대부분의 시간을 학교에서 보내며 학교는 정체성 형성의 주된 공간이다. 그러나 선생님으로부터 수업을 듣고 친구들을 사귀는 교실은 그저 ○학년 ○반 정도의 숫자로 기억될 뿐이다. 숫자로는 자신의 생활공간에 의미를 부여하거나 애착을 가지는 것이 쉽지 않다.

이제 자신이 생활하는 방이나 학교의 교실, 회사의 사무실에 이름을 붙여보자. 그리고 그 이름을 짓게 된 이유를 글로 적어보자. 그러면 자기 공간에 애착이 생기고 자기 삶의 의미를 찾는 하나의 계기가 될 수 있을 것이다.

그림 목록 및 출처

제1부

이병성이 쓴 편지(국립전주박물관 소장): 국립중앙박물관 e뮤지엄 제공

정각, 『진암집』(삼성현역사문화관 소장): 한국민족문화대백과사전 제공

임화세, 『시암집』(국립중앙박물관 소장): 국립중앙박물관 e뮤지엄 제공

유언술 초상(국립중앙박물관 소장): 국립중앙박물관 e뮤지엄 제공

강헌규, 『농려집』(국립중앙도서관 소장): 국립중앙도서관 제공

제2부

이병원, 『소암집』(국립중앙도서관 소장): 국립중앙도서관 제공

임상덕, 『노촌집』(국립중앙도서관 소장): 국립중앙도서관 제공

남유상, 『태화자고』(국립중앙도서관 · 한중연장서각 소장): 국립중앙도서관 ·
　　　한국민족문화대백과사전 제공

강이천, 『중암고』(규장각한국학연구원 소장): 한국민족문화대백과사전 제공

윤행임, 『석재척독』(국립중앙도서관 소장): 국립중앙도서관 제공

이현익, 『정암집』(국립중앙도서관 소장): 국립중앙도서관 제공

제3부

목만중, 『여와집』(국립중앙도서관 소장): 국립중앙도서관 제공

채제공 초상 시복본(수원화성 소장): 국립중앙박물관 e뮤지엄 제공

이학규, 『낙하생고』(일본 동양문고 소장): 고려대 해외한국학자료센터 제공

신기선, 『유학경위』(국립중앙도서관 소장): 국립중앙도서관 제공

김택영, 『한국역대소사』(울산박물관 소장): 국립중앙박물관 e뮤지엄 제공

제4부

정선, 「인곡유거도」(간송미술관 소장): 위키미디어 공용 제공

강세황, 「지상편도」(개인 소장): 한국데이터산업진흥원 제공

남공철, 『금릉집』(미국 버클리대동아시아도서관 소장): 고려대 해외한국학
　　　자료센터 제공

박시원, 『일포집』(소수박물관 소장): 국립중앙박물관 e뮤지엄 제공

안석경, 『삽교집』(일본 동양문고 소장): 고려대 해외한국학자료센터 제공

이인문, 「하경산수도」(개인 소장): 한국데이터산업진흥원 제공

제5부

조희룡, 「매화서옥도」(간송미술관 소장): 한국데이터산업진흥원 제공

김약련, 『두암집』(국립중앙도서관 소장): 국립중앙도서관 제공

책가도 병풍(국립고궁박물관 소장): 국립중앙박물관 e뮤지엄 제공

홍길주, 『숙수념』(일본 동양문고 소장): 고려대 해외한국학자료센터 제공

제6부

강세황, 『송도기행첩』「박연폭포」(국립중앙박물관 소장): 국립중앙박물관

　　　　e뮤지엄 제공

'안(安)'자의 서체: 중국 書法迷(http://shufa.z12345.com/)

신대우, 『완구집』(국립중앙도서관 소장): 국립중앙도서관 제공

이한철, 「매화서옥도」(국립중앙박물관 소장): 국립중앙박물관 e뮤지엄 제공

김홍도, 「포의풍류도」(개인 소장): 한국데이터산업진흥원 제공

덧붙이는 말

독락당 전경 및 현판: 문화재청 국가문화유산포털 제공

정조 영정: 전통문화포털 제공

여유당 전경: 남양주시청 제공